LES CAUSES

D'UNE

RÉVOLUTION

UN

GOUVERNEMENT REPRÉSENTATIF

ET

UN MODE ÉLECTORAL NATIONAL.

PAR J.-B^le BICHARD DE RADONVILLIERS.

> Il n'y a jamais gouvernement moral ni honnête quand il y a corruption publique.
>
> Un gouvernement représentatif n'a toute sa vérité que par un grand et national ensemble électoral.

PRIX : 1 FR.

PARIS

AU COMPTOIR DES IMPRIMEURS UNIS,

QUAI MALAQUAIS, N°. 15.

1848

LES CAUSES D'UNE RÉVOLUTION ;

UN
GOUVERNEMENT REPRÉSENTATIF
ET UN
MODE ÉLECTORAL NATIONAL.

—

Chaque société a besoin d'organisation, de lois, de durée d'ordre, de développements de progrès et de liberté. Elle n'obtient cette organisation, ces lois, cette durée, ces développements que par un gouvernement. Si son gouvernement lui refuse les institutions et les lois qui lui conviennent, tout ou partie de son droit public et politique ; elle doit le renverser.

Il faut à une nation de grandes vertus publiques ; elles seules basent le patriotisme. Si ces vertus ne sont généralement répandues dans le peuple, elles doivent toujours au moins avoir leur berceau dans le gouvernement, d'où elles sortent pour se placer dans toutes les classes de la société.

Mais comment une nation aura-t-elle les vertus publiques qui lui sont indispensables si son gouvernement n'a que des vices, ne lui jette que des vices, si journellement il attaque et corrompt l'honneur privé? Elle ne les obtiendra que par une grande régénération sociale et politique, que par une révolution ; parce que les révolutions seules donnent aux peuples ce que les gouvernements ne peuvent leur donner ou ce qu'ils leur refusent.

Un gouvernement doit exciter, encourager tous les nobles orgueils, toutes les belles passions, toutes les grandes énergies d'un peuple, et il doit les diriger et les utiliser pour le bien public ; telle est sa mission. Mais s'il implante des vices d'égoïsme dans la société, il la déprave,

1

et lui-même n'est plus qu'un centre de vice d'où part toute la corruption sociale.

Un peuple qui, au détriment de son droit politique, transige avec les hommes qui le gouvernent mal, et fait des concessions à un mauvais gouvernement est un peuple qui se suicide.

Un peuple qui n'ose arrêter son gouvernement dans ses méfaits, dans ses envahissements, dans ses attentats au droit public, à la liberté, et qui manque des énergies nécessaires pour éclamer ses droits méconnus, est un peuple lâche qui n'est pas fait pour la plus modique indépendance, est un peuple fait pour la servitude et sur lequel pèseront tous les jougs, est un peuple qui ne mérite que les gênes, les hontes et les ruines du despotisme le plus absolu.

Quand la liberté n'est qu'un vain mot pour un gouvernement, tout en lui est tyrannie au nom de la liberté : et, quand ce même gouvernement, par ses actes, parodie toutes les idées libérales, c'est qu'il se joue de la nation. Il provoque dès lors les peuples et nécessite une révolution.

La liberté est pour un peuple le bien le plus précieux. Quand il ne l'a pas, il doit tout faire pour l'obtenir. Quand il la possède, il doit tout faire pour la conserver.

Mais un peuple n'acquerra jamais la liberté s'il manque des persévérances, des énergies, des forces et des courages par lesquels seuls elle s'obtient. Il ne la conservera jamais s'il manque des ordres, des sagesses, des prudences, des modérations et des fixités d'idée et de volonté qui seules la consolident.

Les excès, les licences, les emportements de la liberté, ne sont pas de la liberté ; ils ne sont que des dévergondages d'action qui la dépravent, ils ne sont que des fureurs qui la souillent et de sanglantes terreurs qui déshonorent les révolutions.

Les grandes révolutions sont toujours l'œuvre des peuples ; mais elles sont toujours nécessitées par les rois et les gouvernements : et quand une révolution est devenue besoin pour une nation, elle passe vite dans les esprits et dans les faits, et chacun veut être l'instrument de cette révolution tant elle est dans le sentiment national.

Dans tel état que ce soit, quand l'action gouvernementale s'inharmonie avec les principes qui ont érigé la monarchie et le mode de gouvernement, avec les mœurs, les besoins et les exigences du pays ; la confiance publique est détruite, les institutions sociales et politiques sont ébranlées, et il ne peut plus exister ni entente ni accord entre le peuple, le prince et le gouvernement.

D'où naissent les causes de rupture d'entente, d'harmonie entre les peuples, les princes et les gouvernements ? Elles ne naissent jamais des peuples. Elles nais- de l'action trop dominatrice des princes, des insatiables ambitions et des égoïsmes des princes, des tendances despotiques des gouvernements et de leurs abus de pouvoir ; elles naissent encore des grandes irritations produites par la fraude, l'astuce et la corruption des princes et du gouvernement.

Un gouvernement absolu pèse sur une nation, la terrifie et l'écrase par son despotisme et sa tyrannie. Mais un gouvernement monarchique constitutionnel représentatif peut peser plus lourdement et plus destructivement encore sur un peuple par la corruption ; parce que la corruption finit par bannir de l'administration publique et du cœur des citoyens l'honnêteté, la probité et toutes les retenues ; parce que la corruption détruit la conscience et tous les sentiments d'honneur, énerve, démoralise, déprave tout ; et parce que la corruption, par le faussement de tout, amène le pire des gouvernements : celui sans ordre et sans frein.

Sous tel gouvernement que ce soit, une corruption peut bien s'introduire dans quelque partie de l'administration sans qu'elle découle du gouvernement et sans qu'elle soit l'œuvre directe des ministres. Mais si cette corruption agit en tout et partout, en un mot, si elle se

généralise, si elle est dévoilée, dénoncée, accusée ; les
ministres la connaissent, et si elle continue sous telle
forme que ce soit , c'est que les ministres s'en font oc-
cultement un moyen : et alors ils sont plus coupables que
s'ils la dirigeaient ; parce que la dirigeant, ils seraient
forcés de la limiter, de lui imposer des retennes, à moius
de vouloir le complet désordre de l'immoralité, tous les
plus funestes débordements de la corruption.

Il n'y a jamais gouvernement moral ni honnête quand
il y a corruption publique.

Un gouvernement immoral est toujours un gouvernement lâche et perfide qui traîne à sa suite toutes les
décadences de mœurs, de prospérité et de gloire : c'est
un fléau qui écrase inévitablement une nation.

Les gouvernements absolus ne civilisent point les peuples, au contraire, ils limitent leur intelligence autant
qu'ils le peuvent. La liberté seule leur fait le précieux
don de la grande et générale civilisation. Aussi, un peuple ne progresse ni ne s'élève jamais par le despotisme;
il ne se développe et ne grandit que par la liberté. Il ne
doit dès lors respecter et honorer que ce qui le respecte,
que ce qui ne viole point son droit et le consolide.

On ne gouverne jamais ni bien ni facilement une nation quand on heurte sa volonté et ses principales tendances, quand on blesse ses intérêts généraux, son honneur et sa dignité, qand l'on pervertit les classes distinguées de la société; parce qu'alors il y a entre le pouvoir
et le pays une lutte incessante et irritante qui paralyse
tout, et la défiance et la résistance publiques se propor-
tionnent sur l'extravagante volonté du pouvoir; et cette
lutte, cette défiance et cette résistance ne cessent que
lorsque le gouvernement quitte ses erreurs, renonce à
sa folle action, à l'œuvre de la corruption, ou lorsqu'il
est renversé par une révolution.

Quand les princes et les gouvernements trompent les
peuples, ne leur font que des promesses mensongères ;
ils ne peuvent en être estimés et ils les irritent : et quand
ils ne craignent point les révolutions, ne veulent point

voir leur approche et bravent tous les grondements qui les précèdent; ils les hâtent, les forcent d'éclater et tombent leurs victimes.

Les peuples ne compromettent ni ne subjuguent jamais les gouvernements. Ils ne le peuvent, parce qu'ils tomberaient dans la plus dévorante. anarchie Ce sont les gouvernements et les princes qui compromettent les intérêts généraux d'une nation, qui subjugent les peuples; et ce sont eux seuls qui amènent leur renversement et leur chûte par la mauvaise foi qni dirige leur action, par des vouloirs ambitieux et despotiques, par des persévérances dans des systémes politiques et administratifs usant le présent et sacrifiant les avenirs d'une nation, par des attentats directs ou indirets au droit de tous et à la liberté publique. Que l'on ouvre l'histoire, on y verra qu'il n'est pas une dynastie régnante renversée par une nation, qui n'ait appelé contre elle l'œuvre révolutionnaire par une foule de causes.

Les princes et les gouvernements agissent sur les peuples par la droiture et la justice, par l'accomplissement de tous les grands devoirs qu'ils ont à remplir envers la nation; comme aussi ils agissent sur eux par la fraude, le mensonge et la corruption, par l'abus de tout, par toutes les roueries politiques, par la force, le despotisme et la tyrannie. Par la première action, ils obtiennent des peuples toute l'estime et la confiance qui consolident leur autorité et leur puissance ; tandisque par la seconde ils irritent et causent tous les mécontentements publics qui amènent les révolutions.

Si les princes et les gouvernements agissent d'une manière quelconque sur les peuples, les peuples agissent aussi d'eux-mêmes sur eux-mêmes; et souvent en dehors du prince, du gouvernement et par les résistances qu'ils leur opposent, ils se préparent de brillants avenirs et de hautes destinées. Mais un peuple n'agit utilement et avantageusement sur lui-même que par les intelligences d'ordre, que par le repoussement de tous les intérêts personnels lorsqu'ils blessent ceux généraux, que par des oppositions énergiques, persévérantes et sagement combinées contre un pouvoir envahisseur et dilapidateur, que par une invariabilité de vues et de volonté, que par un ardent patriotisme, que par tous ces dévouements généreux n'ayant pour objet que la liberté, la chose publique, la patrie.

La Providence à son tour, peut bien agir sur les peuples; mais il y a entre elle et eux l'intervention des révolutions qui agissent plus vite que cette providence, laquelle ne se rencontre souvent pour les nations que dans ces mêmes révolutions. Aussi, je dis à tous les gouvernements : la foi en l'œuvre de la Providence n'est pas toujours infaillible, les révolutions marchent souvent plus promptement qu'elle, et la prudence vous commande de prévoir les catastrophes des révolutions, de vous garer, par de sages prévisions, des violences des révolutions ; car, quand les révolutions éclatent elles ne transigent pas, elles abattent, elles écrasent et pulvérisent.

Un prince loyal, un gouvernement honnête et toujours dans la haute mission de ne gouverner les peuples que pour eux et non pour satisfaire des égoïsmes, des ambitions, des passions et des orgueils de pouvoir; n'a point à craindre l'intervention des révolutions ; parce que quand un peuple n'est lésé en rien, quand il n'est point en proie à des vexations, quand il ne craint ni sa ruine ni la perte ou la restriction de sa liberté, quand l'intérêt personnel n'envahit rien, et quand les lois ne sont point un instrument de torture et de tyrannie ; ce même peuple n'a pas de causes de mécontentement et d'irritation, il reste comme il est et ne s'attache qu'à la conservation de ce qu'il possède. Mais si le prince, mais si le gouvernement intervertit tous les ordres de nationalité pour leur substituer la dynasticité, si l'un ou l'autre agit par la corruption et la vénalité, s'il annihile l'égalité politique et lui substitue l'action de l'individualité et du privilége, s'il oublie ses promesses, ses serments, ses obligations ou les élude, si l'un ou l'autre renie son origine nationale ou s'en écarte; alors les peu-

ples s'irritent, parce qu'ils sont lésés en tout ou en trop
de choses, ils veulent que l'action gouvernementale rentre dans tous les ordres nationaux, dans tous les intérêts
généraux ; et si on leur oppose des refus persévérants,
despotiques et irritants ; ils contraignent le prince, **le**
gouvernement ou ils entrent en révolution et les ren-
versent.

Nul gouvernement ne sort de la nature, ne se forme
de lui-même. Tous n'ont qu'une origine constitutive et
sont œuvre humaine. Ils ressortent d'une cause et sont
le résultat d'un principe social, politique qui varie selon
les lieux, les époques, les circonstances et les mœurs. En
fait, un gouvernement peut être l'œuvre du prince, d'un
parti, de l'usurpation, de la force ; mais alors il n'est
qu'une despotisme imposé, une tyrannie organisée. En
droit, les gouvernements ne sont érigés que par les peuples, et chaque nation constitue le sien comme elle le veut,
selon ses mœurs et son besoin; et ce n'est qu'alors qu'un
gouvernement harmonie convenablement toutes les différentes actions de l'intérêt général et de la liberté.

Un gouverment sorti de l'usurpation, de la force ou de
l'intrigue, leur appartient et comprime les peuples tant
qu'ils n'ont pas secoué son joug. Sorti de l'entière et libre
volonté générale; il est gouvernement du pays, il appartient au pays, son origine est nationale et tous ses
actes doivent concorder avec cette origine : et s'il renie
cette même origine ou la heurte, il n'a plus droit à l'o-
béissance des peuples, parce qu'alors il blesse tout et
sape sa propre base, et parce qu'alors il entre dans l'u-
surpation ou l'ineptie et provoque son renversement
par une révolution.

Tout gouvernement qui renie son origine est un gouvernement qui abdique.

Tout gouvernement qui faussse son principe consti-
tutif, rompt tous ses accords avec la société et nécessite une révolution.

Un gouvernement ne heurte ni ne blesse point im-
punément un peuple ; et si les hauts pouvoirs politiques

ont leur despotisme et leur tyrannie; les peuples ont leur justice et tôt ou tard ils frappent'

Beaucoup de personnes ne veulent voir dans la révolution d'une nation qu'une criminelle insubordination, qu'un dévergondage des peuples, qu'un horrible attentat contre le prince, contre une autorité légitime.

Je dis que la qualification d'insubordination, de dévergondage, de criminel attentat donnée à une révolution, n'est que le langage de la haine et de la récrimination d'hommes blessés dans leurs orgueils ou dans leurs intérêts privés par cette même révolution; d'hommes ou de partis forcés de s'incliner malgré eux devant la manifestation de la grande volonté nationale et devan l'action de l'intérêt général ; d'hommes ou de partis forcés de lâcher la grande proie qu'ils dévoraient : car, une révolution n'est jamais qne l'héroïque et glorieuse œuvre d'un peuple qui se régénère. Dàns un état, lorsqu'il n'est pas envahi par l'intrigue et lorsqu'il n'est pas subjugué par la force, c'est la nation qui constitue tous les pouvoirs politiques et administratifs. Or, ayant constitué, elle peut et doit même toujours renverser quand ce qu'elle a constitué est devenu vicieux par des abus ou de nouveaux besoins , quand ce qu'elle a constitué se sert contre elle-même de ses propres concessions, de la force et de la puissance qu'elle a données.

Qu'est-ce qu'une révolution? C'est l'ensemble de grande et énergique action d'un peuple qui renverse tout ce qui l'opprime ou menace de l'opprimer; c'est l'action générale, forte et spontanée par laquelle un peuple change à son profit la forme de son gouvernement et ses institutions sociales et politiques, par laquelle il secoue le joug d'un grand pouvoir qui le blesse, de l'arbitraire et des grandes influences qui le vexent, de la corruption qni déprave tout, des abus et de la mauvaise administration qui le ruinent. Tout cela étant dans son incontestable droit de peuple, sa révolution n'est ni insubordination ni dévergondage, ni attentat ni crime; elle est œuvre de régénération et de ce qu'il se doit à lui-même.

Une révolution peut bien être souillée de crimes si des sicaires et des bandits révolutionnaires parviennent à s'emparer momentanément de son action. Mais ces crimes ne sont pas œuvre de la révolution n'étant pas œuvres de la nation ; ils ne sont qu'œuvres de brigands et de scélérats politiques poursuivis par toutes les réprobations.

Une révolution générale d'un peuple a toujours pour objet d'améliorer ses institutions sociales et politiques, son présent et son avenir. Mais si cette révolution n'opère qu'un changement de dynastie, de personnes dans le gouvernement sans changer l'action et la tendance de ce gouvernement ; si elle laisse subsister les abus et les vices attaqués, si elle n'apporte pas à la nation les améliorations politiques et administratives dont elle a besoin et ne consolide pas sa liberté ; cette même révolution n'aura que substitué une ambition à une autre, un mauvais gouvernement à un autre, un personnel de gouvernement perfide à un autre ; et elle pourra devenir funeste au pays, parce qu'elle ne lui apportera que de successives tourmentes sociales. Une révolution n'a de bons résultats pour un peuple, ne le garantit contre les envahissements du pouvoir et ne le sauve des grandes crises politiques et sociales que s'il la fait bien. Elle le perd s'il la fait mal. Il ne la fait bien que lorsqu'il s'abrite contre les ambitions et contre toute espèce de mauvais vouloir du pouvoir, que lorsqu'il limite invariablement l'action du prince et celle du gouvernement, que lorsqu'il maintient l'égalité politique en tout, que lorsqu'il reprend et conserve son action politique, que lorsque les lois fondamentales et organiques lui conservent toute sa continuelle et active surveillance, sa pleine et entière liberté d'action.

Quand on voit un peuple souffrir longtemps la vexation, supporter patiemment le despotisme et les méfaits du prince, l'arbitraire, tous les vices et toutes les sortes d'abus de son gouvernement, on se dit : ce peuple est sans énergie, s'il avait le sentiment de l'honneur, de son droit et de sa force il ferait sa révolution. Mais on ne fait pas attention qu'une révolution veut de grands instruments, des dirigeants, et qu'un peuple n'en a pas toujours pour un moment donné. D'un autre côté, on ne fait pas attention encore qu'une révolution veut un certain temps pour éclater; parce qu'il faut qu'elle se pose dans les esprits et s'empare de toutes les idées; parce qu'il faut qu'elle attende une circonstance qui en lie tous les ensembles et lui donne toute la spontanéité dont elle a besoin.

De même quand on voit planer sur une nation une grande corruption émanant du gouvernement, favorisée, propagée, honorée, récompensée, soldée, salariée par le gouvernement, on dit : cette nation est corrompue. Moi, je dis : non, cette nation n'est pas corrompue, on l'insulte en la disant corrompue; car il n'y a de corrompu chez elle que les hommes qui composent le gouvernement, que les hommes dépendants du gouvernement, attachés au gouvernement, placés sous l'influence du gouvernement, que les hommes qui recherchent les grâces et les faveurs du gouvernement; mais la nation est toujours en dehors du vice du gouvernement, n'appartient jamais à une corruption qui n'est que le crime du gouvernement, qui frappe cette même nation et la ruine.

Toujours, et surtout lorsqu'il est représentatif, un gouvernement s'abuse et court à son renversement quand il compte sur la durable longanimité de la nation pour continuer des vouloirs indignants et irritants, un système politique et administratif condamné par l'opinion publique; parce que cette longanimité cesse tout-à-coup, au moment où on s'y attend le moins; et, sans le croire, le gouvernement lui-même, par ses folles et extravagantes hardiesses, précipite les évènements.

Sous les gouvernements royaux il y a deux sortes de révolutions ; l'une de parti, appelée révolution de palais. Cette révolution n'a pour objet que l'intérêt d'un parti. L'autre, de toute la nation, et qui est appelée

révolution du peuple, générale, nationale. Cette der-
niére a pour objet tous les intérèts généraux du pays.
Sous un gouvernement monarchique représentatif, il
en est une troisième appelée révolution parlementaire.
Cette révolution a pour objet de renverser un ministére,
et elle s'opère par le parlement. Cette mème révolution
rentre dans la condition de révolution de parti lorsqu'elle ne fait que substituer à un autre un ministère
qui suit ou à peu de chose près le même système politique et les mêmes errements de celui renversé. Elle
prend un caractère national si elle est opérée par une
majorité parlementaire voulant changer tout le système
politique du gouvernement au profit de l'exclusif droit
et intérèt de la nation et pour désentraver toutes les
marches de l'intérêt général et de la liberté.

Quand une révolution est faite et opérée par un parti
politique, dans l'intérêt de ce parti, la nation n'en reçoit rien ou que très peu, et quelquefois même elle y
perd. Tous les avantages et les profits de cette révolution appartiennent à ce parti qui, souvent en use contrairement à l'intérêt général.

Mais quand une révolution est faite et opérée par le peuple, tous les avantages et tous les profits qu'elle apporte
appartiennent à la nation entière, doivent lui rester; et
il y a crime quand l'esprit et le but de cette révolution
sont, par le gouvernement qu'elle a institué, travestis,
changés, renversés et même simplement modifiés au profit du pouvoir.

Une révolution faite et opérée par un parti peut avoir
un tort, c'est celui de faire triompher un intérêt privé
au détriment de celui général, de faciliter des actes de
pouvoir et d'aider un gouvernement dans ses étouffe-
ments de droits publics transmis, acquis ou reconquis.
Elle peut même être un grand attentat contre le pays;
parce qu'elle peut avoir pour objet la destruction de tout
son droit et de toute sa liberté. Mais une révolution faite
et opérée par un peuple n'a jamais aucun tort; par ce
qu'elle est toujours un acte de régénération du pays,

et parce qu'elle n'a pour objet et pour but que l'intérêt général, que l'accomplissement de la volonté générale, que la liberté du pays, que le renversement de ce qui contrarie ou milite cet intérêt, cette volonté et cette liberté.

Une révolution faite et opérée par le peuple peut quelquefois dégénérer en révolution de parti, et c'est lorsqu'un parti politique s'en empare d'une manière quelconque et l'utilise pour lui seul. Cette révolution est toujours nationale, rien ne peut effacer son caractère; mais elle n'a pas tout son effet national; car, elle est mutilée par le parti qui s'en empare et qui la modifie à son profit; et c'est ce qui est arrivé en France à la révolution de juillet 1830. Mais cette révolution usurpée n'en appartient pas moins à la nation, le parti qui s'en est emparé n'est qu'usurpateur; et la frustration de ses effets ne transmet point immuablement à ce parti, aux hommes qui se succèdent dans ce parti, ni le droit ni l'action de cette révolution.

Un peuple éclairé n'opère jamais une révolution dans l'intérêt d'un pouvoir oppresseur, de l'individualité et du despotisme; il la fait pour lui, dans un but d'intérêt général et pour asseoir sa liberté. Cette révolution constitue un gouvernement qui doit la respecter et l'honorer, et si ce gouvernement la détourne de son but, limite, restreint son action, il n'est plus gouvernement honnête; il est ennemi du pays, il trahit le pays, il nécessite une révolution nouvelle pour faire triompher les principes primitivement posés et voulus: et toujours tout ramène à cette révolution, et on peut être certain qu'elle réagira d'un jour à l'autre; parce qu'une révolution faite au profit du pays apporte avec elle de nouvelles idées, des tendances libérales, une action de liberté qui forment la tendance publique que les peuples ont besoin de poser dans le gouvernement.

Quand une révolution régénératrice a plané sur une nation, elle reste dans les esprits et les esprits ne la quittent plus. Un gouvernement peut bien, pour un moment, arrêter, comprimer les élans publics; mais tous ses moyens tels qu'ils soient s'usent et passent vite, lorsqu'ils éloignent un peuple de ses véritables intérêts.

En France, la révolution de 1789 a apporté tous les principes, tous les modes d'application propres à une grande régénération nationale; mais les gouvernements qui ont succédé à cette révolution, ont éludé ou modifié tous ces principes: ils sont successivement tombés. La Restauration voulut proscrire tous les plus libéraux de ces mêmes principes; ils étaient dans les esprits, et la révolution de juillet est venue renverser la Restauration.

La révolution de 1789 encore, a apporté à la France toutes les théories et tous les développements de prospérité publique et de liberté, toutes les sortes de gloire. Mais la révolution de juillet, quoique dotant la France d'une royauté constitutionnelle sortie de ses principes, que l'on ne doit que débarrasser des hommes et des systèmes qui forment son entourage et la perdent; ne lui a apporté, non par elle-même, mais par les hommes qui l'ont escamotée, envahie pour s'approprier ses profits et tout le pouvoir, que des humiliations et des hontes, qu'une funeste tergiversation politique, que la servilité envers les cabinets étrangers, qu'une fausse égalité politique et une inentière souveraineté du peuple; ne lui a apporté que l'astuce, la fraude et le mensonge, que les plus avides et les plus basses cupidités, que l'avarice, la corruption, une fausse marche en tout; ne lui a apporté qu'une haute et basse impudeur, que l'agiotage, une foule de hauts pillards et des plus grands qui soient sortis des antres du vol et de l'escroquerie, que de continuels et honteux scandales, que la gêne, le gaspillage avec toutes ses ruines et ses misères, que la décomposition de tout; ne lui a apporté que l'égoïsme et un insolent despotisme ministériel, que le reniement de la morale, de l'honneur et des principes. Cette révolution reprendra nécessairement son cours et son action, et tout sera obligé de rentrer dans son esprit et son but.

Quand l'Histoire comparera ces deux révolutions de 1789 et de 1830, elle dira : la première fut momentanément envahie par d'affreux sicaires qui inondèrent la France de crimes et de sang, mais qui, au milieu de leur dévergondage et de leur fureur révolutionnaire, la firent triompher par tout, la couvrirent de gloire militaire et posèrent les grandes bases de l'intérêt général, du progrés social et de la liberté. La seconde fut dès le principe envahie par un certain nombre d'hommes qui dotèrent la France d'une loi électorale devant compromettre toute cette révolution ainsi que tous les intérêts généraux du pays, hommes qui satisfirent toutes leurs cupidités par tous les moyens, mêmes ceux les plus illicites, qui n'eurent honte de rien, qui ruinèrent la France et lui jetèrent la rétrogradation et l'ignominie.

Il faut à un peuple un gouvernement et il faut qu'il se place sous un pouvoir politique et administratif constitué par lui, comme il faut qu'il obéisse à des lois. Mais il lui faut aussi un moyen de renversement contre ce gouvernement s'il fait abus de pouvoir, s'il usurpe, envahit et tyrannise, s'il s'écarte de la loi ou la fausse, s'il fait peser sur la nation un mauvais vouloir et une criminelle ambition, s'il veut se maintenir malgré la nation. Ce moyen n'est que dans une révolution. Un gouvernement est tout pour une nation; mais il faut qu'il ne puisse sans déchéance et renversement délimiter son droit et son action, et une révolution est tout contre lui s'il dédaigne et méprise le peuple, s'il heurte la volonté nationale, s'il blesse et compromet l'intérêt général, s'il maltraite et comprime la nation. C'est toujours par un gouvernement qu'un peuple agit; mais aussi, c'est toujours par une révolution qu'un gouvernement est renversé quand il ne respecte pas la nation, son droit et sa liberté.

L'élévation ou l'abaissement d'un peuple, sa prospérité ou son appauvrissement est toujours l'œuvre de son gouvernement; parce que c'est toujours le gouvernement qui dirige, active ou paralyse l'esprit, les tendances et les progrès d'une nation. La première qualité d'un roi est d'être honnête homme, loyal et juste, consciencieux en tout. Sa première science est de comprendre et d'apprécier la nation sur laquelle il règne ; et la première intelligence d'un gouvernement est de mesurer l'esprit et les tendances d'un peuple, de donner à cet esprit et à ces tendances une direction prudente et hardie, toutes le régularités d'ordre et de marche qui leur sont nécessaires.

Un peuple n'aime son roi, ne s'attache à son gouvernement que quand ils lui font du bien, que quand il n'en reçoit point la vexation, que quand la société obtient d'eux une bonne et loyale administration, le développement des intérêts généraux et toute la jouissance de son droit politique. Il ne se révolutionne jamais sans un impérieux besoin, que quand tout le gouvernement persévère dans ses torts envers la nation : et quand une nation s'irrite contre tous ses gouvernants et les renverse ; elle est toujours poussée à l'action révolutionnaire par des causes qui n'émanent que d'eux ; et c'est qu'alors cette nation se comprend elle-même sans être comprise par les hommes du pouvoir.

Un gouvernement n'est véritablement et constamment fort que par l'opinion publique. Il n'acquiert cette force que quand il est honnête et probe, que quand il est exempt d'abus et de méfaits, que quand il porte une belle moralité en tout, que quand il ouvre à la nation toutes les routes du progrès sans en embarrasser aucunes. Il ne dure que par l'estime générale qui crée la confiance, que par toutes les harmonies libérales qu'impose l'esprit public. Mais si ce gouvernement entre dans l'action de l'égoïsme, de la cupidité, de la mesquinerie ou de la prodigalité, s'il amène un désordre et un gaspillage dans les finances de l'état, s'il sacrifie l'intérêt général à celui personnel, s'il livre la fortune publique à l'avidité de quelques-uns, s'il pose impérieusement des limites à l'exigence nationale ou la repousse ;

il est gouvernement immoral et tyrannique, il nécessite dès lors une révolution ou le pays tombera dans toutes les décadences.

Un gouvernement qui n'a pas tout le noble et exclusif sentiment du bien public, qui ne sait pas secouer le joug de ses erreurs, des ambitions et des aveuglements qui l'égarent, qui n'a pas une énergie à lui, qui tombe et reste dans les indécisions et dans les tergiversations de la faiblesse et de la lâcheté, qui entre et reste dans une marche politique blessante, qui a recours à de basses ruses, au mensonge, à l'hypocrisie, à l'illégalité, à la corruption, qui torture la conscience des citoyens et qui se couvre du manteau de la mauvaise foi; est un gouvernement qui se démoralise et qui déshonore la nation, est un gouvernement perfide et infâme; c'est un gouvernement méprisable, que le mépris public vient inopinément frapper de mort.

La force matérielle est indispensable à un gouvernement ; mais cette force ne sera jamais entre ses mains qu'un moyen d'usurpation, de despotisme et de tyrannie si ce gouvernement est sans justice, sans impartialité et sans libéralité administrative et politique.

Quand les révolutions passées ne sont pas des enseignements pour les rois et les gouvernements, c'est qu'ils ne veulent pas entrer dans l'exclusif intérêt du pays ou n'ont pas la haute intelligence de cet intérêt : et quand les commencements d'irritation nationale ne sont pas pour eux un avertissement; c'est qu'ils méprisent ou ne comprennent pas les peuples. Ils sont dès lors incapables de régner et de gouverner, et les peuples doivent renouveler contre eux les hautes leçons de ces révolutions.

Toutes les pensées et toutes les volontés d'un peuple doivent avoir pour objet tous les développements des intérêts généraux, et aussi de donner de la force et de la durée à son gouvernement. Mais à leur tour, le roi et le gouvernement doivent tout faire pour mériter de la nation l'estime et la confiance sans lesquelles ils ne peuvent conserver de pouvoir et de vie politique.

Il y a pour les gouvernements et pour les peuples des obligations dans lesquelles ils doivent réciproquement et strictement se renfermer, qui constamment doivent être religieusement remplies, et il y a entre eux des liens de devoirs dont la rupture renverse les uns et précipite les autres dans de funestes anarchies. Mais la durée de soumission et de fidélité des peuples au profit des rois et d'obéissance aux gouvernements, reste toujours subordonnée à la durée de bonne action, à la durée d'accomplissement des grands devoirs du prince, du gouvernement envers la nation.

Quand une révolution est devenue inévitable, nécessaire, pour soustraire le pays à l'arbitraire, à un despotisme quelconque, pour éviter le coup des funestes tendances du gouvernement; un peuple ne doit pas hésiter, il doit même hâter cette révolution: car, plus il attend, plus il fortifie les résistances du despotisme et du gouvernement, et plus alors aussi il donne de gravité et de durée à la crise sociale qui doit avoir lieu par cette même révolution. Quand un penple est dans la nécessité de frapper, il doit le faire hardiment et promptement, parce qu'alors ses coups n'ont pas les inconvénients d'une longue durée.

Sans doute un peuple ne doit point entrer légèrement en révolution et par emportement irréfléchi, il doit même, en quelque sorte, redouter l'œuvre révolutionnaire; parce que les grandes crises sociales déplacent souvent beaucoup de choses. Mais lorsqu'un gouvernement la provoque par ses méfaits, par des attentats contre la liberté et le droit des peuples; je le répète, la nation ne doit plus hésiter, elle doit agir osément, elle doit entrer dans toutes les énergies, elle doit en appeler à sa force et utiliser pour elle-même tous ses courages; car alors, trop craindre, trop redouter et trop retarder une révolution, c'est donner de la force aux causes qui la nécessitent, et c'est rendre par cela même ses chocs plns longs et plus violents.

Une révolution peut quelquefois compromettre l'existence d'une nation, et c'est lorsqu'elle est suivie de trop longs troubles occasionnés par les luttes des partis politiques qui sortent de son sein. Mais si une nation se trouve dans ce danger de périr, soit par la dilapidation, le brigandage et la lâcheté de son gouvernement, soit par une révolution ou la guerre ; je dis qu'il vaut mieux pous elle tomber par la révolution ou la guerre; parce que, dans ce cas même, elle peut, avec le temps, trouver une circonstance qui la relève, tandis que dans le premier cas elle n'en retrouve jamais, restant déshonorée et méprisée des peuples.

Un roi qui a mécontenté, trompé, irrité la nation sur laquelle il règne, ne peut plus rien ou que très difficilement pour cette nation et pour lui-même; parce qu'il est dépopularisé, parce que la confiance perdue ne peut se regagner, parce que l'attachement n'est plus ni dans les convictions ni dans les cœurs, et parce que les peuples sont plus disposés à haïr ce roi qu'à lui pardonner.

Toujours un roi a besoin des grands enthousiasmes publics. Ils marquent la satisfaction et le contentement des peuples, l'estime et la reconnaissance qu'on lui porte. Ils font sa force morale et au besoin sa force matérielle. Mais s'ils ne rencontre que des accueils froids, que quelques manifestations payées, commandées ou arrachées par la police; c'est qu'il ne possède plus les estimes, c'est que les peuples sont fatigués de lui; et la cessation d'enthousiasme populaire est toujours l'annonce que sa chute est proche.

Sans responsabilité formulée, et, bien que les différentes constitutions placent les rois constitutionnels sous l'égide de l'irresponsabilité; lorsque l'irritation des peuples et le choc révolutionnaire éclatent, la responsabilité de tous les actes du gouvernement pèse lourdement sur les têtes couronnées ; car ce sont toujours sur elles que les révolutious frappent le plus fortement, et en définitive, un roi constitutionnel paie par la perte de son trône tous les méfaits de ses ministres, toutes les malencontreuses persévérances dans des systemes

politiques, administratifs blessant la nation. Charles X
était irresponsable, et pourtant il a payé de sa couronne,
et sa dynastie paie par l'exil toutes les grandes fautes
et toutes les sottises du ministère Polignac.

Pourquoi ce renversement d'irresponsabilité royale?
C'est parce que quand le prince, ses ministres sapent
le droit des peuples, rompent toutes les limites conven-
tionnelles; les peuples à leur tour sortent des conditions d'un pacte national rompu par le gouvernement,
sapent, rompent tout ce qui leur est imposé et frappent
tout.

Pour asseoir durablement ses intérêts généraux et sa
liberté, un peuple doit les abriter contre les convoitises
dynastiques et les sauvegarder contre les envahissements du pouvoir et contre ses corruptions. Si de nuisibles et endommageants abus de confiance et d'autorité menacent de se perpétuer par les tendances et par
le fait de ce pouvoir; la nation doit successivement
opérer les réformes nécessaires et les imposer à son
gouvernement; et si ce gouvernement les repousse obs-
tinément, elle doit le renverser.

Tout gouvernement qui apporte une persévérante résistance à la volonté nationale exprimée, tout gouvernement qui ne comprend pas les intérêts généraux du
pays ou qui refuse de les satisfaire et qui les heurte
et les livre aux dévorations personnelles, tout gouvernement qui fait descendre le pays de son rang parmi
les nations; est un gouvernement en continuel attentat
contre le pays, il trahit le pays, et la nation doit lui
opposer une révolution, le combattre et le renverser
par elle, ou elle devient elle-même par son indifférence
et sa faiblesse l'instrument de toutes ses douleurs et de
ses ruines.

Mais un peuple qui a opéré sa révolution, ne doit pas
s'arrêter à l'œuvre du renversement du gouvernement
qui la nécessitée; il doit reconstituer un nouveau gouvernement et assurer toutes les marches de cette révolution par des réorganisations. Il faut dès lors qu'il

choisisse des hommes qui soient les dirigeants de sa régénération et qui, à juste titre, possèdent la confiance nationale, qui soient à la hauteur de sa révolution, la comprennent et en aient l'esprit : car, si elle tombe en des mains intéressées à la modifier, à la mutiler, elle sera nulle dans ses résultats, elle n'aura que changé un personnel gouvernemental, dynastique, et elle n'aura culbuté que pour être envahie.

Une revolution faite et opérée par un peuple ne renverse pas seulemen t un roi, une dynastie, un gouvernement ; elle annulle encore de fait et de droit toutes les lois politiques organiques du gouvernement renversé, elle dissout aussitôt tous les corps politiques constitués en vertu de ces mêmes lois. Et il n'en peut être autrement : car, si elle ne le faisait, cette révolution serait sans intention utile, sans but positif et sans action opportune ; parce qu'elle laisserait subsister là source des causes qui l'ont nécessitée.

Ainsi, dans son premier moment et à l'instant que cesse et s'arrête la lutte de la force, une révolution ne constitue que des pouvoirs provisoires dont la mission est de faire opérer nationalement la confection des lois politiques organiques qui doivent constituer le gouvernement définitif. Et si, dans les premiers moments d'une révolution on s'est servi des lois politiques organiques annullées par le fait même de cette révolution, si on s'est servi de corps politiques, représentatifs, législatifs dissouts également par le fait de cette révolution pour constituer un pouvoir administratif ou exécutif, tout ce qui résulte de ces mêmes lois et de ces mêmes corps n'est qu'un provisoire qui ne devient définitif, légitime et irrévocable que lorsqu'il est confirmé par une adhésion nationale exprimée par des actes généraux approbatifs ou par des corps politiques constitués par les nouvelles lois organiques et ayant mandat spécial. Hors de toutes ces formalités nationales, le gouvernement constitué n'est toujours que provisoire : et s'il se prévaut de son érection primitive pour rester et durer; il n'est que gouvernement de fait et non de droit; il n'est que gouvernement usurpateur se perpétuant par l'usurpation; et la nation aussitôt quelle le juge convenable peut sortir des obéissances à ce gouvernement, parce qu'il est dans la condition de la révocation : et les moyens de prescription de temps, d'années opposés à cette révocation sont iuvalables et nuls, parce que le droit national est imprescriptible.

Un gouvernement doit toujours être érigé par la nation dans toute la plénitude de son droit, de son action et de sa liberté. S'il est érigé par la force où à l'aide de la surprise, de la captation, de la vénalité et de la corruption; il est illégitime, son action n'est qu'usurpatrice, et la nation peut le révoquer quand bon lui semble; parce qu'il est hors de la condition qui lie les peuples.

Un gouvernement qui s'érige et qui, au moment de son installation, n'a pas reçu toute la sanction nationale; n'est qu'un gouvernement d'usurpation qui n'a aucun droit à la durable obéissance et à la durable fidélité des peuples. Si ce gouvernement a reçu par suite la libre et entière sanction du pays par un mode national; il devient légitime. Mais s'il n'a obtenu cette sanction que furtivement, que par des acclamations partielles de citoyens, que par des adhésions de localité irrevêtues des formes de la grande légalité nationale ; il a toujours le caractère de l'usurpation, et la sanction qu'il a surprise, arrachée, extorquée est illicite, ne lui donne pas la légitimité qui lui est nécessaire, qui lie et attache obligatoirement les peuples, et tous ses actes sont invalides et nuls.

Un gouvernement n'est point formé, constitué pour le prince seulement ni pour le profit d'un parti, d'un corps politique ou religieux; mais pour la nation entière, et sa forme et son action doivent toujours être comme le veut la nation qui, seule a le droit de changer ou de modifier cette forme et cette action.

Un gouvernement imposé à un peuple par la force

ou par la machination, la ruse et la surprise ne sera jamais bien national, n'entrera jamais franchement dans toutes les combinaisons libérales; parce qu'il ne se débarrassera jamais du caractère et du vice de son origine. Dès son commencement, ce gouvernement est entouré des répulsions dont il est frappé tôt ou tard; car, il s'élève au milieu de grandes antipathies qui restent sourdes d'abord, mais qui éclatent aussitôt que les entendes nationales peuvent s'harmoniser et agir.

Un gouvernement constitutionnel doit toujours rester scrupuleusement, dans les limites de pouvoir que lui pose la constitution ou charte. S'il en sort, il entre dans l'usurpation et provoque son renversement. Il doit encore éviter toute action qui heurterait l'opinion publique qu'il doit toujours ménager et respecter; car, s'il la heurte, il cause des aigreurs publiques qui embarrassent sa marche par toutes les méfiances et par toutes les irritations qu'elles font naître.

Si le prince, ses ministres abusent de leur pouvoir, de la force, des possibilités que leur donne la nation pour un but commun et national, s'ils gouvernent mal, s'ils faussent la constitution et les lois, s'ils dilapident les revenus de l'état et la fortune publique, s'ils corrompent les magistrats, les fonctionnaires, les citoyens; on doit les chasser; parce que si la nation les conserve au pouvoir, si elle ne les écrase de sa vindicte; ils deviendront oppresseurs et tyrans. Et si, dans tous ou quelques-uns de ces cas, la nation se livre à de la longanimité, cette longanimité lui sera toujours funeste: car, quand la liberté entre en lutte avec les ambitions et avec tous les moyens de corruption du pouvoir, elle est toujours faible et succombe si elle n'est soutenue et défendue par l'énergie nationale, par tous les ensembles de patriotisme.

Un gouvernement constitutionnel représentatif encore, se perd et tombe par l'irritation publique, si son existence repose sur des lois exceptionnelles; parce que toujours il en est fait abus, et parce que toujours elles finissent par devenir vexatoires et tyranniques ; surtout celles relatives à l'émission de la pensée et de l'opinion que l'accusation montre toujours plus offensantes et plus dangereuses qu'elles ne sont réellement. Le mode de gouvernement représentatif est un gouvernement de continuelle discussion sur tout, par tous et entre tous, sous lequel il est même nécessaire que chacun émette ses idées pour être admises , modifiées , combattues ou totalement rejetées. Arrêter l'émission de ces idées et la poursuivre judiciairement , c'est ôter au gouvernement représentatif une de ses principales vies, c'est le restreindre aux seules idées et aux seules opinions permises par le pouvoir ; et c'est dès lors en faire une sorte de gouvernement absolu, despotiquement limitatif de liberté , et conséquemment tyrannique. Et , par ces lois exceptionnelles le gouvernement se suicide lui-même ; car, faisant juger et condamner une brochure, un article de journal le plus souvent fort peu lus et oubliés le lendemain, il leur donne, par l'importance et la publicité judiciaire, un retentissement que ni l'un ni l'autre n'auraient obtenu ; et pour une dixaine ou une vingtaine de lecteurs qui sont momentanément pénétrés, il crée contre lui-même cent mille irritations qui restent, qui agissent, qui se propagent au lieu de cesser et qui finissent par devenir populaires.

Un peuple ne doit jamais placer son roi, son gouvernement dans une humiliante sujétion ; il doit au contraire leur donner de la dignité, une honorable latitude d'action. Mais il doit aussi obliger son roi, son gouvernement à le respecter, à ne rien faire qui puisse être un jour tourné, dirigé contre lui-même , et il doit les mettre hors d'état de compromettre ses intérêts , son honneur et sa liberté : car, il est dans la nature des hommes et des pouvoirs, de s'étendre et de franchir leurs limites aussitôt qu'ils ont une possibilité de succès.

La forte vie d'un gouvernement n'est que dans l'estime et la confiance de la nation. Lorsqu'il les a perdues,

il est sans force morale et n'a plus qu'une action anar-
chique ou tyrannique. Il tombe dès lors de lui-même,
et chaque jour le mine, parce qu'il est sans appui national.

Un peuple peut bien rester quelque temps sous un
gouvernement et lui obéir sans l'aimer et l'estimer,
parce qu'il craint et redoute souvent les grandes crises
sociales. Mais lorsque la résistance devient nécessité absolue; le pouvoir a beau avoir à sa disposition la force,
une armée, des bastilles; il faut que les évènements
s'accomplissent et qu'il tombe; parce que rien ne résiste à un peuple irrité, à un peuple qui entre dans les
élans de patriotisme, dans les enthousiasmes de la victoire et de la liberté. En révolution, le riche s'isole, est
souvent peureux et timide. Il n'en est pas ainsi du peuple. Il se resserre; il est toujours hardi et brave, son
droit double et triple son énergie et sa force, le combat l'excite, il ne calcule pas le danger et veut même
l'ignorer, il ne voit que le succès et la victoire, rien
ne l'intimide, il se précipite et triomphe, puis il se
venge; et en toute cette action il est dans son droit
quand il a été frustré, provoqué par le prince ou le
gouvernement.

Quand un roi absolu sort de son despotisme et modifie
son pouvoir royal au profit de la nation; il y a chez ce
roi générosité, débonnaireté, grandeur d'âme et vertu;
parce qu'il fait le sacrifice, je ne dirai pas d'une partie
de son droit, mais d'une partie de sa possession; parce
qu'il se raproche de la liberté qui, de droit, appartient
aux peuples; et alors les peuples honorent et bénissent
leur roi.

Mais un roi constitutionnel ne mérite l'estime et la
reconnaissance des peuples que par sa fidélité, sa bonne
foi et sa loyauté dans tous ses engagements envers la
nation. Il n'a rien autre chose à lui donner; comme de-
voir politique, et elle n'a autre chose à exiger de lui. Mais
s'il fausse le mode de gouvernement constitutionnel, s'il
le réduit à la forme consultative, s'il en fait un gouver-

nement personnel, s'il se permet des actes arbitraires, si en quelque chose il abjure la constitutionnalité et heurte la légalité constitutionnelle ; il y a crime, et ce roi est criminel; parce qu'il prévarique, entre dans des envahissements, dans des usurpations de pouvoir nuisibles à la nation ; parce qu'il attente à la liberté de la nation; parce qu'il rompt le pacte national qui a reglé, limité le droit, le pouvoir et l'action de chacun ; parce qu'il se parjure et trahit la nation. Et si par des moyens de corruption ou de force, ce roi cherche à faire triompher ses ambitions et sa volonté; il est en dehors de toutes les loyautés constitutionnelles, il se met lui-même hors la loi des peuples; parce qu'il renverse tout le libéralisme social et n'est plus qu'un fripon politique couronné : et tout ceux qui dans le gouvernement suivent ce prince, ne limitent pas sa volonté; s'associent à lui dans tous ses méfaits, ne sont dès lors qne des forcenés, et le gouvernement est en permanente action de brigandage politique.

Chez tel peuple que ce soit, quand une révolution a apporté la réhabilitation nationale, a montré une organisation sociale faisant rentrer chacun dans ses droits publics et politiques ravis; tous les souvenirs se reportent à cette révolution, toutes les volontés se rattachent à ses idées, à l'accomplissement de tout ce qu'elle a voulu, et, en dépit du prince et du gouvernement qui proscrivent tout ou partie de ses principes ou les limitent avec force, leur mise en action est poursuivie jusqu'à ce qu'elle soit obtenue. Un gouvernement constitutionnel ou autre a toujours tort de lutter acharnément, contre la volonté prononcée d'une nation ; tôt ou tard, il succombe et perd tout dans cette lutte, lors même que cette nation paraitrait fatiguée d'agitations politiques; car, un peuple finit par s'habituer aux révolutions comme on habitue un corps humain à des remèdes violents, et tous les pouvoirs qui le contrarient s'usent et échouent contre sa persévérante volonté.

Pourquoi tous les gouvernements qui, en France depuis 1789, ce sont si rapidement succédé n'ont-ils

pu obtenir de stabilité? C'est parce que tous ces gouvernements ont eu leur égoïsme et sont plus entrés
dans des ambitions de pouvoir que dans les intérêts
généraux du pays, que dans les vues régénératrices de
la révolution de cette époque ; c'est parce que toujours
en mutilant les institutions, les intérêts généraux et la
liberté d'un peuple, les gouvernements se mutilent
eux-mêmes et périssent.

Si Napoléon n'eût mis en action que les principes de
la révolution de 1789; malgré tous ses revers militaires,
la France n'aurait pas eu la Restauration. Si la Restauration eût adopté franchement tous les principes de
1789, si même elle n'eût pas déchiré sa propre charte
qui, en plusieurs choses, était une imitation de ces
principes, nous n'aurions pas eu la révolution de 1830.

Et ce qui a suivi la révolution de juillet a-t-il apporté tout ce que cette révolution promettait, tout ce
que la France en attendait? Examinons et voyons si
cette même révolution a ramené tous les principes de
sa sœur aînée de 1789, si elle a effacé tous les grands
torts de la Restauration, et si dans ces mêmes torts
elle ne s'est point substituée à la Restauration.

La Restauration devait, pour la nation et pour elle-
mème, ne rentrer en France qu'avec l'oubli des vieilles
morgues et des vieux préjugés monarchiques, ne devait
s'entourer que d'hommes qui inspirassent de la confiance à la France libérale et qui ne recherchassent pas
qu'une France dynastique, d'hommes qui n'effrayassent
pas le pays et ne compromissent en rien la charte et
les institutions libérales, et elle ne devait agir que par
des systèmes propres à rassurer le pays.—Mais la révolution de juillet a-t-elle bien abjuré toutes les morgues
tous les préjugés et toutes les tendances de la Restauration? Nombre de fois les journaux ne lui ont-ils pas
reproché des velléités de gouvernement personnel?
N'a-t-elle pas, et surtout depuis le ministère actuel,
préconisé l'égoïsme, l'intérêt privé et l'action d'une
individualité très restreinte par la loi électorale actuelle?
N'a-t-elle pas fait abus de toutes les possibilités laissées,

et la révolution de juillet qui, pour ses propres effets, ne devait avoir que des instruments de nationalité et de liberté, n'est-elle pas tombée aux mains d'hommes ne se créant ses dirigeants que pour entraver sa marche et en paralyser l'action au profit du pouvoir? N'est-elle pas évidemment détournée de sa route et de son esprit par le ministère actuel, et les hommes qui affectent de s'en parer, de s'en abriter, qui ne paraissent parler et agir que par elle ne lui font-ils pas prendre une marche rétrograde? Ces hommes n'ont-ils pas presque ouvertement démenti, renié leur origine, et les systèmes politiques de cette révolution de juillet, notamment celui du ministère actuel, ne l'ont-ils pas mutilée, compromise, humiliée, en quelque sorte reniée, et ne l'ont-ils pas mise au banc du mépris et de la réprobation des peuples?

On a reproché à la Restauration les honteux traités de 1815. — Mais la Révolution de Juillet a-t-elle effacé la honte de ces traités? Mais la Révolution de Juillet n'a-t-elle pas ses honteuses et ruineuses concessions? n'a-t-elle pas rampé sous l'impérieuse volonté de l'Angleterre; ne s'est-elle pas, en de nombreuses occasions, agenouillée devant les souverains étrangers et n'en a-t-elle pas sollicité, mandié des pardons? Plusieurs ministères, et notamment le ministère actuel, n'ont-ils pas humilié la France partout, et partout ne prend-elle pas les rôles les plus lâches, les plus honteux?

On a reproché à la Restauration ses soifs de pouvoir et de despotisme, ses tendances dynastiques, des actes d'illégalité constitutionnelle, ses lois exceptionnelles et ses rigueurs contre la presse, ses prodigalités et des impôts excessifs.—Mais la Révolution de Juillet n'a-t-elle pas amené de nouvelles soifs de pouvoir, de nouvelles tendances dynastiques et une impérieuse volonté gouvernementale? N'a-t-elle pas son commencement d'embastillement de Paris par simple ordonnance royale? N'a-t-elle pas ses lois de septembre et la presse n'est-elle pas, ridiculement même, vexée, poursuivie devant les tribunaux, n'est-elle pas plus ruinée par des amendes qu'elle ne l'a jamais été? Cette même Révolution de Juillet n'a-t-elle pas prodigué et ruiné les finances de l'État par des folles dépenses et par le gaspillage? n'a-t-elle pas un budget de cinq cents millions plus fort que celui de la Restauration, et avec cela un déficit énorme, toujours croissant et conduisant à la banqueroute?

On a reproché à la Restauration sa loi électorale, des corruptions, des intimidations électorales et des actes d'absolutisme en tous genres. — Mais la Révolution de Juillet n'a-t-elle pas la plus mauvaise loi électorale que l'on puisse et la plus propre à donner au gouvernement des majorités parlementaires complaisantes, dociles, peu contrariantes, laissant tout faire et tolérant tous les abus? La corruption et l'intimidation électorale ont-elles jamais été sous la Restauration ce qu'elles sont depuis sept ans? Cette corruption ne s'étend elle pas à tout, n'est-elle pas infiltrée partout, même dans les plus hauts lieux, exemple l'affaire Cubière et Teste? N'a-t-elle pas dépravé une foule de consciences et n'a-t-elle pas donné les scandales les plus honteux, et cette corruption n'est-elle pas telle que l'on peut dire que la Restauration n'y entendait rien, et que bientôt il n'y aura de probité en France que dans les classes inférieures de la société.

Mais il est un reproche qui ne peut être adressé qu'à la révolution de Juillet seule; c'est celui de n'avoir pas protégé puissamment la nationalité des peuples qui l'invoquaient, d'avoir laissé tomber et écraser l'héroïque Pologne; et c'est celui d'avoir souffert le maintien de la ligue des rois contre les peuples, et d'avoir, par ses tergiversations et son inènergie, donné de la force à cette ligue.

La Restauration a été entraînée par des influences diverses toutes funestes et qui l'ont perdue. — Mais la Révolution de Juillet n'a-t-elle pas aussi sa plaie d'influence : celle des députés solliciteurs qui mandient et arrachent tout pour eux, leurs parents et leurs amis; qui se constituent les hommes d'affaires de leur villages et de leurs électeurs, qui ne sollicitent le mandat représentatif de leurs localités que pour le prostituer à leur ambition, qui ne regardent les électeurs de leurs pays que comme des obligés dont le vote est leur propriété, et qui, dans les épanchements d'une familiarité dédaigneuse, disent, en parlant de ceux qui les nomment : mes électeurs, comme un fermier dit mes moutons !

Si on examine attentivement tous les faits de la Restauration et ceux de la Révolution de Juillet, et si impartialement on les juge ; on verra qu'il n'est pas une faute de la Restauration dans laquelle la Révolution de Juillet ne soit tombée, et on verra que chaque jour la Révolution de Juillet se noie dans les mêmes eaux qui ont englouti la Restauration.

Pourquoi la Révolution de Juillet, dès ses premiers pas, a-t elle marché contre elle-même? C'est parce que, dès ses premiers jours, elle a été envahie par des hommes qui ne s'appuyaient sur elle que pour eux et non pour le pays. Et pourquoi la marche de cette révolution est-elle toujours si étrangement en désaccord avec tout ce qu'elle a voulu, avec son esprit et son but? C'est parce qu'il est sorti d'elle-même une mauvaise loi électorale qui, chaque jour, lui impose la rétrogradation et la force à s'incliner devant l'individualité, qui chaque jour lui arrache l'intérêt général pour le jeter aux dévorations de l'intérêt personnel. Le mal est là, n'est que là et n'a sa possibilité que là. Tout ce que les hommes intéressés à l'amoindrissement des résultats de la Révolution de Juillet ont pu faire, n'émane que de cette mauvaise loi électorale; parce que, comme est formé, composé l'électorat par cette même loi, il n'a pu donner des majorités parlementaires propres à arrêter les ambitions personnelles, à bien guider le pouvoir. Je dirai plus : je suis convaincu que plus d'une fois le pouvoir a été emporté au delà par ces mêmes majorités.

Avec le meilleur vouloir; le plus beau principe politique, le plus vrai et le plus positif n'abritera rien, ne sera rien, n'opérera aucun bien si ce principe n'a qu'une mauvaise loi pour le mettre en action, s'il ne plane que par une loi qui le heurte et le brise.

Quoi que ce soit et en quoi que ce soit, rien ne vit et ne dure que par le principe qui lui est propre, que par l'entière et exclusive action de ce principe; et il n'y a ni belle régularité, ni sagesse, ni justice dans les choses, ni respect pour les peuples et les institutions, quand il y a faussement d'un principe fondamental, base de tout.

Un principe n'abrite les hommes, les choses et les institutions que lorsqu'il est entièrement respecté, que lorque tout s'incline devant lui, que lorqu'il conserve toute sa force, que lorsqu'il a toute son action et que lorsqu'une action contraire ne vient pas entraver la sienne. En politique comme en toutes choses, toujours le principe est tout et doit rester invariable, ou il fait place à un désordre, à tous les abus, à une anarchie : car, si on le torture par la loi; tout tombe dans le faux, y reste et s'y perd ; parce que quand un principe est dénaturé par une loi, ce principe n'agit plus, il s'efface devant l'abus consacré par la loi, et il ne reste plus à sa place qu'une tyrannie d'autant plus agissante et plus forte qu'elle s'abrite de la loi ; et l'action administrative, du gouvernement est toujours fausse, dérisoire et odieuse; parce qu'elle se dénature et se déprave par la loi qui, elle-même, jette dans un arbitraire irritant et funeste, ne pouvant reposer sur un principe qu'elle a détruit ou mutilé.

On dénonce le mal ; mais à cette dénonciation on oppose la loi. On accuse les hommes ; ils se défendent par la loi. On invoque le principe ; il est anéanti par la loi, et toujours la loi reste pour continuer le mal, le principe pouvant plus l'arrêter.

Journellement on accuse les ministres et journellement on les dénonce à l'opinion publique. Moi même, si l'on veut, j'enchérirai sur toutes les plaintes et les dénonciations des journaux et des orateurs de la tribune. Mais quand j'examine; je vois que tout le mal fait découle des effets de la loi électorale actuelle, et que ce mal ne pourra être arrêté que par le changement de cette loi. Les ministres n'ont pas créé les tendances d'égoïsme qui planent sur le corps électoral, elles ne sont nées que

de la loi qui fait un électorat trop restreint, qui ne donne
le droit de vote qu'à un trop petit nombre formant une
majorité électorale ambitieuse et avide de tout, consi-
dérant le gouvernement comme obligé de satifaire ses
intérêts, imposant même aux candidats toutes ses
exigences. Sans doute les ministres ont souvent ex-
ploité ces tendances; mais aussi, n'ont-ils pas été
souvent entraînés, commandés par elles? cela est pro-
bable. Les ministres sont des hommes comme les autres,
ils ont des faiblesses, des passions et des aveuglements comme les autres, ils cèdent à des entraîne-
ments comme les autres, et ils ne peuvent être arrêtés
que par la puissance représentative qui est dans la majorité parlementaire. Mais si la loi au lieu de produire
une puissance parlementaire nationale et forte contre
le mal, en donne une incapable d'arrêter ce mal, n'apporte que des facilités et des assentiments aux ministres; tout en accusant les ministres, j'accuse la loi
comme cause primitive, et je dis que les hommes reçoivent de la loi, des effets de la loi, les vices qui les
emportent et les égarent. On peut bien renvoyer les
ministres actuels; mais si on conserve la loi électorale
comme elle est, ou si sa réforme la laisse à peu près la
même; je dis que leurs successeurs qui donneront de
belles espérances en arrivant au ministère, finiront par
gouverner aussi mal qu'eux; parce qu'ils seront dominés, emportés par des majorités parlementaires émanant de cette vicieuse loi.

Voulez-vous l'incorruptibilité en tout et partout dans
le gouvernement? Ayez l'incorruptibilité électorale et
parlementaire; ayez une chambre représentative qui ne
soit pas en partie composée de corrupteurs et de cor-
rompus, de solliciteurs de places et de rubans, d'agio-
teurs de chemins de fer et de bourse; ayez des députés
qui ne soient pas les spécialement chargés d'affaires des
électeurs et des localités. Mais vous n'obtiendrez tout
cela que par une loi électorale qui permette au pays de
composer une majorité parlementaire qui ne s'associe
point aux vices et aux ambitions d'un ministère, qui

n'impose point au ministère ses exigences personnelles, ses égoïsmes et ses cupidités : car, pour avoir
un ministère tout à fait impartial, il faut des majorités
parlementaires impartiales elles mêmes.

Un gouvernement représentatif n'a tout son vrai, ne
reste dans tout son vrai que par l'impartialité des majorités parlementaires. Mais pour avoir l'impartialité représentative, il faut nécessairement l'impartialté élective;
et on ne l'aura jamais par la loi électorale actuelle; parce
qu'elle ne forme qu'un électorat bâtard, qu'un électorat où les égoïstes, les ambitieux, les cupides et les
intrigants seront toujours les plus nombreux. De là, la
partialité, la vénalité et la facile corruption électorale.

Une loi électorale fait le bon ou le mauvais gouvernement représentatif; parce qu'elle fait les bonnes ou
les mauvaises majorités parlementaires, conséquemment les bons ou les mauvais ministères. Ainsi, sous
un gouvernement représentatif, tout s'améliore ou se
vicie par la loi électorale; parce que cette loi est toute
sa base, lui donnant les instruments par lesquels et
avec lesquels il fonctionne. Si cette loi est large, libe-
rale; elle bannit de son œuvre la partialité, l'intrigue
et la corruption. Elle sauvegarde dès lors le pays et
l'abrite contre les envahissements du pouvoir et contre les révolutions. Si, au contraire, elle est étroite,
illibérale, elle ne peut mettre en action ni l'esprit ni
la volonté du pays ; elle appelle à son œuvre l'égoïsme
individuel, tous les vices qui dénaturent et travestis-
sent l'élection. Dès lors elle crée et fait peser sur le
pays deux despotismes réunis : celui ministériel et celui d'une majorité parlementaire inintègre et sans nationalité.

Plus un peuple a combattu pour la défense de son
territoire et pour sa liberté, plus il a le sentiment de
sa gloire et de cette liberté, et il n'est pas de peuple
en Europe qui ait plus ce sentiment que le peuple
français. On l'accuse d'inconstance et de légéreté.
Mais dans quelle circonstance a-t-il manqué de con-
stance, de persévérance et de courage? Dans aucune

Quel est le peuple en Europe qui ait eu à subir de si longues et de si dures épreuves, qui ait eu à traverser de si nombreuses et de si fortes tourmentes sociales pour la conservation de ses gloires et le maintien de sa liberté? Il n'en est pas. Depuis 1789, a t-il abdiqué les principes de cette révolution? jamais. Ils sont restés dans les esprits. ils forment la grande tendance nationale et ils sont le culte politique de la nation. Il a été souvent, et dans toutes les occasions, trompé, détourné de son but par des hommes de circonstance et des intrigants politiques; mais il n'a pas abandonné sa grande œuvre de complète régénération et il la reprendra.

En 1791, le prince de Kaunitz disait : la révolution française durera longtemps..... peut-être toujours. Cet étranger ne pressentait-il pas que pendant bien longtemps la France serait la proie d'intrigants, de hauts et bas roués politiques habitués à se jouer des actes, des lois, des constitutions, des chartes, des hommes et des peuples !

Mieux vaut pour un état le gouvernement absolu d'un roi généreux, jaloux de toutes les belles renommées et des utiles gloires, qu'un gouvernement représentatif estropié, bâtard, dégradé par la corruption, fonctionnant par la torture des influences, éteignant le patriotisme et dépravant toutes les consiences.

Depuis 1789 tous les gouvernements qui se sont succédés en France n'ont eu que des existences éphémères; parce qu'ils n'ont rien consolidé par les principes absolus de cette révolution, parce qu'ils ont inharmonié leur action avec le besoin national et ont comprimé toutes les grandes tendances libérales, et parce qu'ils n'ont usé du pouvoir que pour eux. Ils sont tombés et ainsi tomberont tous les gouvernements qui les imiteront.

Le meilleur des gouvernements est celui qui respecte les peuples, qui consomme le moins et qui donne le plus. Un peuple a besoin d'avoir et doit toujours vouloir un gouvernement libéral et à bon marché: car, un gouvernement coûteux , hors de prix n'est bon que pour quelques-uns et ruine le pays.

Le gouvernement républicain est le plus naturel , et bien dirigé il est le plus beau, le plus juste et le moins coûteux. Il est le plus dans les tendances des/hommes libres; parce qu'il règle le plus sa politique sur l'exclusif intérêt des peuples, et parce qu'il laisse le plus à la volonté générale toute son action toujours précise et infaillible lorsqu'elle n'est ni gênée ni entravée par des intrigants politiques, par les sourdes menées et par les roués des partis : car, on égare un peuple; mais jamais un peuple ne s'égare de lui-même.

Mais ce si naturel et si beau gouvernement républicain veut des mœurs publiques qui lui soient propres, il veut la vertu qui attache exclusivement aux intérêts généraux, à l'unique bien public, ou il tombe et ne produit que des anarchies.

En Europe, les gouvernements sont ou royaux absolus ou monarchiques constitutionnels représentatifs.

Les gouvernements absolus achèvent de s'user; parce qu'ils s'inharmonient avec le besoin des peuples lorsquils acquièrent le sentiment de leur dignité, lorsqu'ils comprennent le droit national, les avantages et l'action de la liberté.

Lorsqu'il est dans tout son vrai, le mode de gouvernement monarchique constitutionnel représentatif est un très beau gouvernement, propre à donner à un peuple tous les élans de progrès et de liberté dont il a besoin. Mais ce mode de gouvernement est encore à l'état d'étude pour presque toutes les nations européennes : car, dans différents états il est aristocratique et n'apporte pas l'égalité politique , ou n'en apporte qu'une fausse, sa constitution est trop étroitement combinée , les peuples n'ont pas toutes les latitudes de leur action politique et n'ont qu'un semblant de la jouissance du droit national. Ce vice a plusieurs causes ; mais il résulte principalement d'un mauvais système électoral et d'une responsabilité ministérielle mal établie et ineffective.

Le pays où ce mode de gouvernement peut avoir sa plus facile action, où il peut recevoir ses plus larges développements, où il a le plus besoin de toute sa vérité; mais où il est le moins harmonié avec l'esprit du pays et avec les idées de liberté par les tendances du pouvoir; c'est en France. Là, avec tous les moyens de vie forte il est comme usé dès son berceau; là, avec toute la haute intelligence des choses, avec des principes d'honneur et avec d'incontestables sentiments patriotiques, il est en proie à l'intrigue, il est détourné de son objet et déshonoré par la corruption. et pourquoi? C'est parce qu'il y a en France une mauvaise loi électorale qui fausse le système représentatif et qui forme un électorat dérisoire par son petit nombre d'électeurs et par le mode qui leur donne le monopole électif; c'est parce qu'il n'y a pas une bonne loi au sujet de la responsabilité ministérielle, et c'est parce que la corruption et la contrainte des influences planent partout et notamment sur les colléges électoraux:

C'est parce que en France le peuple ne jouit pas de tout son droit et n'a pas toute son action politique:

C'est parce que en France la discussion politique, celle des intérêts généraux est confinée dans le parlement où elle est souvent trop limitée, quelques fois même détournée, évitée, entravée, empêchée, étouffée. En Angleterre, toutes les grandes questions passent de la discussion du parlement à celle publique par les clubs, et c'est ce qu'on a voulu empêcher en France par la loi contre les associations et les réunions politiques, loi qui impose à la nation la torture et la tyrannie de la mise au secret:

C'est parce que en France il n'y a pas force d'unité de vue, d'opinion politique, et qu'alors il y a souvent désaccord et jamais parfait ensemble dans la résistance aux volontés ministérielles, aux actes du pouvoir:

C'est parce que en France trop d'électeurs et trop de députesse font un marche-pied de l'électorat et de la députation pour arriver aux places, à la fortune et aux honneurs:

C'est parce que en France l'intérêt général est, en nombre d'occasions, peu consulté, souvent même sacrifié à celui personnel ou de localité; et alors c'est vers ces deux intérêts que tout converge dans l'électorat, et par contre coup dans la chambre élective:

C'est parce qu'en France il y a trop d'égoïsme dans les classes distinguées de la société et que le plus ferme esprit national, le plus inébranlable patriotisme est dans le peuple auquel on ôte le droit de vote électoral pour ne le donner qu'aux plus riches, c'est-à-dire aux plus ambitieux et aux plus corruptibles :

Et c'est parce que en France il y a un vice dominant: la peur. Peur, que le pouvoir sait exploiter à son profit, et au moyen delaquelle il fait entrer dans ses vues les foules de timides et un grand nombre de spéculateurs riches ou aisés.

Mais en France, la peur n'est pas seulement en quelques lieux, chez quelques-uns; elle est partout et chez le plus grand nombre; depuis le plus petit particulier jusqu'au plus grand, depuis le garde-champêtre jusqu'au gouvernement, et chacun craint de tomber comme si tout était sur le point de crouler autour de soi. Les particuliers ont peur de la moindre stagnation dans les affaires, des moindres hausses ou des moindres baisses sur certaines denrées, dans les fonds publics; le gouvernement a peur d'une révolution, de la guerre, de la république, des légitimistes, d'un banquet, d'une fête, d'un discours, d'un article de journal, d'un petit écrit, des moindres manifestations qui marquent une improbation des ses actes; et, particuliers et gouvernement exagèrent les moindres choses pour augmenter la peur, ou se les exagèrent à leurs propres yeux pour fonder ou faire excuser cette peur.

Pourquoi cette continuelle peur des particuliers, du gouvernement? C'est parce que les particuliers craignent qu'il n'y ait rien de bien consolidé ni dans le gouvernement ni dans la société, sont, par cette crainte, toujours inquiets au sujet de l'avenir; et c'est parce que le gouvernement craint de rencontrer une grande opposition dans la nation et la redoute , ou parce qu'il craint de manquer de cette force morale qui ne naît que de l'unanime volonté publique, et qui forme la grande unité nationale.

Tel peuple que ce soit que l'on peut dominer, maîtriser, diriger par la peur, dont on peut arrêter les élans ou changer les idées par la peur; ne sait et ne peut jamais ni défendre ni conserver son entière indépendance quand elle est menacée n'importe par qui ou par quoi que ce soit; et tout peuple qui a peur des actes de sa volonté, qui a peur de ses manifestations et de ses propres énergies, est un peuple abâtardi : et la gloire et la liberté ne lui sont apparues que pour faire ressortir plus ses hontes et sa couarde timidité.

Un gouvernement tel qu'il soit et telle que soit sa forme, s'il est constamment dominé, tourmenté par des foules de peurs, sera toujours chancelant; parce qu'il n'aura ni le génie ni les sages et prudentes fermetés de sa consolidation : et ce gouvernement heurtera et blessera toujours la nation ; parce que ses propres peurs le pousseront à des actes de honteuse faiblesse ou d'irritante rigidité, à des actes de bassesse ou d'intempestifs orgueils, à des actes de lâcheté ou de vexation , de persécution et de tyrannie.

Je viens de dire qu'en Europe les gouvernements sont ou royaux absolus ou monarchiques constitutionnels représentatifs.

Sous la première forme de gouvernement il n'y a pas action nationale, pas de souveraineté du peuple ; il n'y a qu'une action de souveraineté royale. La soumission est générale et complète, toutes les populations se courbent sous le pouvoir , sous l'absolue volonté du roi et l'obéissance est passive en tout. Le roi règne et gouverne par un droit successif, il est souverain de par ses aïeux, et l'hérédité seule le constitue. Tout se fait au nom et au profit du roi, sa volonté est suprême , tient lieu de loi ou sert de base à la loi; parce qu'il est tout et parce que tout émane de lui, ne découle que de lui. Cette forme de gouvernement frustre entièrement la nation, est contre le droit des peuples ; parce qu'elle transmet au roi tout le droit public, toute l'omnipotence nationale et sociale.

Sous la seconde forme de gouvernement, tout est constitué ou maintenu par la nation. Le roi ne sort pas que de la nature, que de l'hérédité; il sort aussi de la nationalité. Son avénement au trône est l'œuvre de la volonté nationale, parce que la nation s'est primitivement et volontairement placée sous une royauté conventionnelle, et parce que le pouvoir royal résulte d'un pacte national que le roi ne peut enfreindre sans prévarication, sans encourir sa déchéance. La nation conserve toutes ses vies de liberté, elle fait elle-même ses lois par ses représentants, sa volonté domine en tout et plane partout. Le roi hérite bien du trône; mais il n'hé. rite pas de la souveraineté nationale; mais son droit heréditaire ne lui donne pas un droit ni un pouvoir absolu sur la nation, ne lui confére pas le droit de faire les lois, d'établir des impôts, ne soumet pas la nation à sa volonté exclusive et omnipotente, à l'action de son bon plaisir. Ce droit héreditaire ne lui transmet que le trône avec le titre de premier mandataire de la nation, de mandataire né qui ne doit agir qu'avec les mandataires électifs et jamais en dehors d'eux. Il règne; mais il ne peut gouverner que par des ministres de son choix, contre-signataires de ses ordonnances, responsables de ses actes et de tous les faits du gouvernement.

Un gouvernement représentatif doit toujours sortir son plein et entier effet, tout son esprit doit se retrouver partout, en tout, ou il n'est qu'un gouvernement estropié, faussé. Et si les ministres osent des actes d'abus de pouvoir, si par des moyens quelconques ces ministres cherchent à amoindrir la force représentative, ou à éluder sa conséquence; ils compromettent tous les pouvoirs de la société, ils altèrent tous les ordres et provoquent un bouleversement, et ils ne sont plus que de dangereux forfaiteurs politiques que tous les corps constitués doivent repousser et frapper.

Par la nature même du système représentatif ; rien

n'est actroyé à la nation par le pouvoir, elle reçoit tout
d'elle-même, sa volonté doit toujours être respectée par
le gouvernement qui ne doit jamais lui opposer la sienne
et doit toujours donner à celle nationale tous les ensembles dont elle a besoin, n'étant lui-même que le centre
de direction de ces ensembles. La nation peut et doit,
quand elle le juge nécessaire, changer ou modifier ses
lois, adopter ou imposer au gouvernement telle réforme
politique, administrative qu'elle juge convenable pour
elle-même; et si le gouvernement s'oppose à ce changement, à cette modification, à cette réforme, ou les contrarie; il s'érige en parti politique contre la nation ou il
s'arroge un veto qui ne lui est point accordé, qui dès
lors est tyrannique et nécessite son renversement, et la
nation doit aussitôt, et spontanément refuser au gouvernement les impôts et toutes les obéissances.

Si, sous cette forme de gouvernement, il y a action
personnelle du prince, action personnelle des ministres,
c'est-à-dire action en dehors de l'assentiment législatif,
en dehors de l'autorisation du parlement; il y a usurpation de droit et de pouvoir ; il y a attentat contre le
mode de gouvernement représentatif.

Sous un gouvernement absolu, tout, la nation elle-
même se personnifie dans l'individualité royale; parce
que là, les faits publics, l'action publique, tout se résume
dans le pouvoir royal qui emporte toute la souveraineté,
toute l'omnipotence nationale et sociale ; parce que là,
tout appartient au roi, la nation n'est que l'instrument
du roi; parce que là, rien ne découle que du roi, dans
l'autorité duquel tout est concentré.

Mais par le mode constitutionnel représentatif, rien
des faits publics omnipotents, rien de l'action publique
ou nationale ne se personnifie dans la majesté royale,
tout se personnifie dans la nation; parce que la nation
reste souveraine absolue et n'agit que de sa propre volonté. Là, le roi est l'instrument de la nation : là, rien
de la chose publique n'est au roi, n'appartient person-
nellement au roi ni en réalité ni fictivement : là, tout
découle souverainement de la nation et non du roi; là,

le pouvoir et l'autorité du roi n'émanent pas de lui-même, l'un et l'autre émanent de la nation et il reçoit d'elle le commandement suprême : là, le roi est sans omnipotente action personnelle, elle appartient à la nation : là, l'État c'est le pays ; le roi n'est que son chef légal, et on ne lui doit qu'une obéissance légale.

Avec un gouvernement représentatif bien organisé et ayant toute sa vérité, la société n'a plus à craindre et à redouter ces grandes révolutions par le peuple, révolutions qui déplacent ordinairement et violemment tout et qui traînent souvent après elles une durée d'anarchie plus ou moins longue ; parce que avec un tel gouvernement, la nation est par représentation en entier dans le parlement, sans lequel l'action gouvernementale ne peut rien ; parce que avec un tel gouvernement il n'y a de révolution nécessaire que celle d'un renversement de ministère et de changement de système politique, révolution que le parlement doit opérer aussitôt qu'elle est opportune.

Il n'y a que deux cas où la révolution par le peuple soit indispensable et commandée même, cas qui seront toujours rares et ne se présenteront même jamais, si la nation compose bien la chambre élective, et si elle conserve toutes ses énergies : 1° C'est lorsque le parlement donne au gouvernement des sanctions nuisibles au pays, ou lorsque le gouvernement repousse la révolution parlementaire ou la brave ; parce qu'alors il y a corruption dans le parlement ou tyrannie dans le gouvernement. 2° C'est lorsque le gouvernement, par un coup d'état quelconque, attente à la liberté publique, paralyse, ou fait cesser les délibérations de la chambre élective ; parce qu'alors la représentation n'ayant plus tout son effet et son action, la nation est obligée d'agir par elle-même.

Sous un gouvernement royal absolu où tout découle du prince, où tout retourne à la couronne ; les ministres doivent exclusivement dévouement au roi. S'ils sacrifient quelques intérêts du roi, si en quelque chose, ils amoindrissent son autorité, le pouvoir de la couronne ; ils trahisssent le roi ; parce que le roi concentre en lui-même toutes les omnipotences de la société.

Il n'en est pas ainsi sous un gouvernement royal cons-titutionnel représentatif par lequel la nation reporte tout à elle-même, concentre tout en elle-même et agit par des députés mandataires qui sont elle-même dans le corps législatif, et par lequel le roi ne fait que mettre en mouvement, par des ministres responsables, tous les rouages de l'administration et de la politique, sans pou-voir rien ordonner arbitrairement, sans pouvoir imposer son omnipotente volonté ni son action personnelle. Là, tous les dévouements appartiennent exclusivement au pays ; et quant au préjudice du pays, au préjudice des institutions constitutionnelles, les ministres agissent dans l'intérêt royal et dynastique, ils trahissent le pays.

Sous ce mode de gouvernement, la majorité parle-mentaire doit toujours tracer aux ministres leur marche administrative et politique, et ces ministres ne doivent jamais s'écarter de ses décisions ni les heurter. S'ils le font, comme s'ils font quelque chose en dehors de la re-présentation nationale et sans son autorisation ; ils faus-sent le gouvernement représentatif et lui substituent le gouvernement personnel. Ils encourent dès lors les pei-nes les plus sévères de la responsabilité et la vindicte nationale doit les frapper.

On conçoit que, pour que l'action de la majorité par-lementaire soit l'action du pays, que pour que son vote dans le corps législatif ait force de loi pour le pays, qu'il faut toujours que cette majorité émane de la nation en-tière. Pour émaner de la nation entière, il faut que les députés soient nommés par tout le pays ou par des élec-teurs de son choix qui le représentent dans les colléges électoraux. Nommée autrement, la majorité parlemen-taire n'émane que de la minorité du pays, elle n'est pas majorité du pays, elle n'est qu'un faussement du système représentatif, et elle ne lie en rien le pays, le pays ayant été repoussé de son élection et n'ayant été formée que par un fragment du pays.

L'action même d'un gouvernement représentif veut que le ministère ne reçoive ses impulsions que de la ma jorité parlementaire, et que les décisions et le vote de cette majorité soient règles et loi pour tous. Mais il ne faut pas que les ministres puissent arracher au pays une majorité qui ne soit que dans les convenances du pouvoir; mais il ne faut pâs que par intimidation ou corruption les ministres se créent dans le parlement une majorité aveuglément acquiescante, sacrifiant l'intérèt national, sanctionnant des actes qui étendraient le pouvoir royal, approuvant un système politique nuisible à la nation, et ne favorisant que les orgueils et les ambitîons du pouvoir. On ne peut empêcher cela que par une loi électorale qui, si elle n'appèle tous les citoyens au vote, appèle au moins un nombre d'électeurs en rapport avec la population du pays; que, par une loi qui donne à l'électorat toute l'indépendance dont il a besoin, qui affranchisse les électeurs des influences et des tourmentes locales en les massant sur un point au lieu de les fractionner sur plusieurs. On ne peut empêcher cela encore, qu'en interdisant l'admission dans le corps législatif, de ceux qui sont sous l'influence permanente et directe du pouvoir, qu'en admettant qu'un petit nombre de fonctionnaires dans le parlement, et seulement ceux qui sont indépèndants du pouvoir par la nature de leurs fonctions.

Sous un gouvernement monarchique représentatif, l'action législative appartient à la nation qui l'exerce par ses représentants, et l'action exécutive appartient au roi qui l'exerce par des ministres responsables. Il est évident que pour l'exercice de son action souveraine, il faut que la nation soit représentée selon son esprit et son but; il faut que les citoyens élisent des représentants et que tous concourent, d'une manière quelconque à cette élection, soit par le vote universel direct, soit en élisant dans chaque localité les électeurs qui nommeront ces représentants; et il faut que les élections soient libres et faites en dehors de telles influences personnelles, de tels intérêts privés que ce soit, et que les colléges électoraux aient de l'unité, ne soient pas fractionnés, harcelés, dominés, entraînés par le

pouvoir qui , souvent peut être en désaccord avec l'in
térêt national.

La nature même du mode représentatif veut que tous
les actes du gouvernement , des chambres , des corps
administratifs, politiques, judiciaires, en un mot, de tous
les pouvoirs, soient connus de tous, afin que tous les
apprécient et les jugent , et il lui est nécessaire que
tous ces actes soient soumis à un contrôle national. Ce
mode de gouvernement a besoin dès lors d'un organe
commun et public qui journellement expose les actes,
qui approuve, censure, critique, qui journellement dé-
batte tous les intérêts, qui éclaire chacun et qui donne
à chaque fait la publicité qui lui est nécessaire pour être
connu de tous. Cet organe naturel est la Presse , parce
que seule elle communique rapidement avec tous, parce
qu'elle rend tout, découvre et montre tout, expose tout,
développe tout et explique tout chaque jour, à chaque
heure et à chaque moment.

Mais il faut que cette presse soit complètement libre
dans sa narration et dans sa discussion; il faut qu'elle ne
soit gênée ni entravée en rien et par rien; parce qu'elle
est la grande communication de la pensée de tous, la
prompte messagère des idées de tous. Ses écarts mêmes
sont irredoutables par son propre fait; parce que sa réfu-
tation journalière ne la quitte jamais. Il faut qu'elle soit
une autorité, une puissance morale dans l'État; parce
qu'elle est la vigilante sentinelle de tous les intérêts
indistinctement : et si sous un gouvernement représentatif, parlementaire la presse n'a pas toute sa liberté ,
c'est qu'il y a dans le gouvernement méfranchise, mé-
tendance, but occulte et tyrannie. Sans presse entièrement libre, le gouvernement représentatif , parlementaire est un gouvernement muet, mal intentionné ; ou
plutôt, sans l'entière liberté de la presse il n'y a pas de
gouvernement parlementaire vrai.

Le mode de gouvernement représentatif encore, veut
de grandes équités et des actes toujours consciencieux
de la part du prince et des ministres, des députés et
des électeurs; parce que ce mode de gouvernement

veut bonne foi, sincérité et justice publique en tout, ou il n'est que gouvernement d'agiotage. Et si chez eux, individuellement ou en corps, il n'y a pas équité et bonne conscience en tout ; le pays est livré à toutes les sortes de rapines et n'est plus qu'une proie dévorée.

Une charte constitutionnelle est un acte national qui contient tous les articles d'une transaction entre la nation et le prince. Tout acte transactif veut une garantie. Par la constitution le roi a la sienne, puisqu'il a le pouvoir exécutif, puisqu'il commande la force publique, puisque les ministres sont de son choix, puisqu'il nomme à tous les emplois. Mais il faut aussi à la nation une garantie qui l'abrite contre les tentatives usurpatrices et contre des actes arbitraires du pouvoir. Où est cette garantie? Dans la responsabilité des actes politiques et administratifs. Elle n'est que là, et ne peut être que là. Sans cette responsabilité, toujours prête à frapper, la nation est sans garantie pour tout ce qu'elle concède, et le mode de gouvernement constitutionnel peut n'être qu'un piége tendu au pays.

Mais sur qui doit peser cette responsabilité ? A ce sujet, je déclare que j'ai erré en 1842, et je préfère révoquer ce que j'ai dit quede rester dans l'erreur et d'y induire les autres. Je dis que cette responsabilité doit peser sur les ministres seuls et non sur le roi. Le roi n'administre pas, il ne fait que mettre en mouvement tous les ensembles par ses ministres. Il règne seul; mais il ne gouverne que par des ministres contre-signataires, et c'est à eux à refuser leur signature ou à donner leur démission si l'acte est compromettant. Je le répète, cette responsabilité doit peser sur les ministres seuls, et non sur le roi ; car, si le roi était en quelque chose responsable, il pourrait être mis en jugement, condamné, révoqué, détrôné, et alors il n'y aurait rien de stable ; parce que à chaque faute du gouvernement, les principales bases seraient renversées. La couronne ne doit pas descendre dans la justification ; mais pour qu'elle soit impeccable, il faut qu'elle ne puisse rien faire sans le concours d'hommes qui répondent à la nation de ses actes, et les hommes constitutionnellement responsables sont les ministres.

Il serait même dangereux de faire entrer le roi dans la responsabilité pour quoi que ce soit : car la responsabilité venant à frapper; les ministres s'excuseraient en accusant la royauté, et, de son côté, la royauté s'excuserait en accusant les ministres. Il y aurait confusion dans la responsabilité, il faudrait mettre solidairement en cause la royauté et les ministres; mais alors il y aurait anarchie; car tout le gouvernement serait suspendu étant en jugement.

D'un autre côté, si la royauté entrait pour quelque chose dans la responsabilité, le roi dirait aux ministres : Je suis responsable comme vous; comme vous j'ai à subir légalement la responsabilité des actes que je vous commande; supérieur à vous, ma responsabilité est supérieur à la vôtre, elle vous abrite et vous devez m'obéir : et alors il n'y aurait plus de ministres constitutionnels, il n'y aurait que des ministres royaux : et alors les ministres ne seraient responsables qu'envers le roi, et ne le seraient plus envers la nation, parce qu'alors tout serait emporté par la totale ou partielle responsabilité royale.

Si les ministres n'étaient retenus dans la ligne et dans l'action constitutionnelle par la responsabilité des actes, ils seraient entraînés par la couronne dans l'exclusif intérêt royal et dynastique, et tout sortirait de la constitution ou charte. Mais cette responsabilité ne doit pas rester un vain mot, une vaine stipulation dans la charte; elle doit être effective, elle doit porter avec elle des peines sévères et convenablement graduées, elle doit peser sur les ministres au moment même de leur installation, sans pouvoir lui échapper en quoi que ce soit, et pour telle cause que ce soit. Aussi je dis que la loi qui développe tous les cas où la responsabilité devra frapper, qui fixe les applications de peines de cette responsabilité, doit sortir de la première session législative qui suit l'acceptation et la promulgation de la constitution ou charte : je dis que tant que cette loi n'est pas promulgué, que tant que la responsabilité reste simplement formulée dans la charte ; qu'elle n'est qu'un vain mot et une vaine stipulation , que le système constitutionnel représentatif est torturé et n'apporte au pays que des actes de fraude, de mensonge et de mauvaise foi, que de douloureuses déceptions : et je dis encore , que tant que cette loi n'existe pas, que toutes les stipulations formulées dans la constitution ou charte au profit du pouvoir sont inavenues et doivent rester sans effet, par la raison qu'une partie contractante ne doit pas rester obligée, ne doit point exécuter les conditions d'un contrat, si l'autre partie élude ou n'exécute qu'imparfaitement les obligations qui lui sont imposées , qu'elle a acceptées, et si elle ne donne les garanties consenties.

Sous le mode de gouvernement monarchique représentatif ; toutes les fautes du gouvernement retombent sur les ministres seuls , le prince est impeccable, et il est nécessaire de le reconnaître tel. Si sous ce mode de gouvernement, de graves soupçons de méfaits planaient sur le ministère ; une enquête parlementaire est indispensable, et si le ministère la repousse, c'est qu'il est coupable ; et la majorité parlementaire qui rejette cette enquête, anéantit la justice constitutionnelle, porte elle-même la licence dans le gouvernement et le pousse à de nouveaux méfaits.

Lorsqu'il est dans toute sa vérité, le mode de gouvernement représentatif est sans doute très beau et très avantageux pour une nation. Mais il faut le dire aussi, c'est le gouvernement le plus irritant lorsqu'il est mensonger, lorsque le pouvoir le dégrade par la fraude, la mauvaise foi et la corruption, lorsqu'il le fausse par l'action personnelle et le paralyse par de mauvais vouloirs, lorsqu'il le met en lutte avec un intérêt dynastique blessant toujours celui national, lorsqu'il efface l'action de l'égalité politique pour lui substituer celle de la plus riche individualité ; parce qu'alors ils compromet tous les intérêts généraux du pays, sa propre existence, celle de l'ordre et de la liberté.

Mais on ne peut juger de la beauté et de la bonté de
ce mode de gouvernement par ce qu'il est encore en
France; parceque là, bien que gouvernement de droit,
il n'est pas autant gouvernement de fait qu'il devrait
l'être:

Parceque là, loin d'y avoir un gouvernement à bon
marché, il y en a un hors de prix :

Parceque là, il est faussé dès son principe et dans sa
base par une absurde loi électorale, qui refuse au peuple
son action politique, qui dénature le principe représentatif, l'égalité politique et la souveraineté du peuple :

Parceque là, les majorités parlementaires ne sont pas
expression de tout le pays ne recevant mandat que de
la plus riche individualité, la loi électorale ne donnant
que deux cents et quelques mille électeurs riches, censi-
taires, sur trente-six millions d'âmes :

Parce que là, il y a honteux et scandaleux abus de
tout, honteux et scandaleux trafic des consciences et des
votes, honteuse et scandaleuse corruption, torture,
tourmente et tyrannie des influences, dissolution de
mœurs et de principes politiques, désordre administratif, gaspillage des finances, périlleux système politique, écartement d'honneur et de moralité en tout :

Parce que là, les sessions législatives ne sont très
souvent, que des sortes de sessions de cour d'assises,
où la France est condamnée à tous les sacrifices et à
toutes les ruines, à tous les supplices d'abaissements
et de hontes :

Parce que là, les époques des élections de députés ne
sont pas des époques d'exercice de souveraineté du
peuple, n'ayant rien du général ensemble national; ne
sont que des époques de grandes intrigues politiques,
par lesquelles l'intérêt général, le droit public et la liberté sont immolés à l'intérêt et à l'orgueil personnel;
ne sont pour beaucoup que des époques de vexation et
de tourmentes; ne sont que des époques de foire politique où l'on vend et où l'on achète les consciences et
les votes :

Et enfin, parceque là, il n'y a pas encore une bonne

loi qui rende effective et menaçante la responsabilité
mini-térielle : et encore, parceque là, un grand nombre
d'électeurs, beaucoup de députés, les hommes du pouvoir n'ont cessé de reporter tout à eux et ont constamment agi en dehors des intérêts du pays, contrairement
aux plus nécessaires décences et en abjurant le respect
qu'ils se devaient à eux-mêmes.

Partout où il n'y a pas complète égalité politique et
où il n'y a pas même droit de vote pour tous dans la nomination des représentants, partout où le droit de vote
électoral n'appartient qu'à un petit nombre de privilégiés et n'est accordé qu'à la fortune ou à une belle
position sociale, partout où l'indépendance du vote
électoral est une cause de défaveur et de destitution ou
d'inadmission aux emplois publics, partout où l'influence du pouvoir torture la conscience des électeurs
et commande le vote, partout où les collèges électoraux
sont sous le coup de la menace et de l'intimidation,
sont en proie à la corruption, et partout où les électeurs sont circonvenus par les sollicitations et sont dominés par les exigences de la localité et même de la
domesticité ; il n'y a pas élection honnête, il n'y a pas
gouvernement représentatif dans tout son vrai, il n'y
a pas liberté, et l'intérêt général n'est pas convenablement abrité : il n'y a que fausseté représentative, il n'y
a que gouvernement constitutionnel mensonger ; il n'y
a pas représentation de droit, il n'y a qu'une représentation de fait arrachée au pays par un pouvoir qui
usurpe tout sous le masque constitutionnel, par une
jonglerie revêtue de la forme constitutionnelle.

Et comment en France le gouvernement représentatif aurait il tout son vrai, serait-il entièrement et
complètement de fait, quand les représentants de la
nation ne sont élus que par une très faible minorité du
pays, quand beaucoup d'électeurs de cette même minorité sont harcelés par l'intrigue de la localité, sont
emportés par la complaisance et la coterie de la locali-
lité, ne votent que sous l'impression de la menace et
de l'intimidation ou sont entraînés par toutes les sortes

de séductions de la corruption : quand de l'aveu même
des ministres il y a abus des influences dans les élections? C'est impossible, parceque en rien il n'y a l'égalité nationale, et parcequ'en tout il y a fait qui ne peut
donner qu'une vicieuse et même dangereuse représentation.

La charte française fonde le gouvernement constitutionnel représentatif; mais elle ne donne ni n'impose la
mauvaise loi électorale qui le fausse. Elle veut ce mode
de gouvernement dans toute sa vérité, et jusqu'alors le
pouvoir l'a travesti, n'en a fait qu'un appel à l'egoïsme,
n'en a fait qu'un gouvernement de scandale, d'exploi-
tation du pays par les plus dévorants abus, n'en a fait
qu'un gouvernement de coterie par l'action de l'influence individuelle.

Sous un gouvernement représentatif, les hommes qui
ont en main la direction et l'action du pouvoir ne doivent être que les instruments du principe d'égalité et
de liberté, et non les instruments des passions politiques
des partis, des ambitions individuelles, des vouloirs de
quelques sommités sociales.

Jusqu'alors les hommes du pouvoir n'ont-ils été que
les instruments des principes de nationalité et de liberté,
se sont-ils exclusivement rattachés à l'intérêt général
et l'ont-ils sorti des funestes absorptions de l'intérêt
individuel? Non, et loin de là; car les grandes idées libérales de la Révolution de Juillet n'ont pas reçu tous
leurs développements, l'intérêt personnel et celui de localité ont constamment tout emporté et emportent tout
chaque jour, et journellement de nombreux actes, ino-
sés même par les pouvoirs les moins consciencieux que
la France ait eu, compromettent tout, scandalisent et
irritent.

Aussi, ne voit-on pas que chaque jour le pays perd
de sa prospérité et de sa puissance, que chaque jour a-
mène des embarras et des crises qui ne sont momentanément surmontés qu'à l'aide de moyens portant avec
eux de nouveaux embarras et de nouvelles crises plus
fortes; et ne voit-on pas que tout tombe, que rien ne
se relève, par cela même que l'on reste dans une voie

qui est en dehors des principes, de toute justice, et qui loin de présenter des appuis les écarte :

Aussi, ne voit-on pas que le plus mauvais d'un passé tant blâmé pâlit devant les œuvres du jour, et ne s'indigne-t-on pas d'une administration flétrie qui torture et mutile tout, qui ne fait de la France qu'une grande Nababie pressurée de toutes les manières ; et ne sent-on pas que les hommes du pouvoir pèsent sur le pays comme une lourde ruine, comme une écrasante fatalité :

Aussi, ne voit-on pas que le pays est insatisfait dans ses besoins et dans ses intérêts géneraux, qu'il est irrité d'une extravagante pérsévérance dans un système politique qui démolit la France pièce à pièce, si je puis m'exprimer ainsi, et qui finira par rompre toutes les harmonies des peuples; et ne s'indigne-t-on pas de voir toutes les plaintes et les douleurs du pays étouffées, de voir que le pays est poussé vers toutes les décadences, de voir que l'on ne fait de l'Algérie qu'un grand tombeau où les hommes de la France vont s'ensevelir, qu'un gouffre où ses trésors vont s'enfouir :

Aussi, ne voit-on pas que les ententes et les harmonies sont rompues, qu'en haut et en bas les confiances mutuelles n'existent plus et que la méfiance est partont. Chacun, sans doute, se rappèle ces fameuses paroles : Le dedans est plus à craindre que le dehors !... Quoi, le dedans est à craindre parce qu'il combat et repousse des tendances qui peuvent tout bouleverser ! Quoi, le dedans est à craindre parce qu'il s'irrite contre un système politique qui use tout, dépense tout et ne produit rien ; qui convértit en hontes et en ruines toutes les durées de la paix ! Quoi, le dedans est à craindre parce qu'il veut rentrer dans toute la jouisance de son droit politique ravi par une mauvaise loi, parce qu'il veut faire cesser une corruption qui plane partout et déprave tout, et parce qu'il veut toute la vérité représentative, toute la vérité, la bonne foi, la justice et l'honneur en tout ! Mais où veut-on en venir?... Si le dedans est plus hostile à certaines prétentions, aux dirigeants que le dehors, c'est parce que chaque jour le pays est mécontenté, irrité, harcelé par la trop blessante action de l'individualité et par le refus des réformes nécessaires; c'est parce que chaque jour fait subir au dedans toutes les humiliantes et ruineuses volontés du dehors ; et c'est parce que chaque jour on obéit à l'impérieuse exigence du dehors, au préjudice des intérêts, de l'honneur et de la dignité du dedans.

Un gouvernement représentatif veut que toutes les lois organiques qui doivent développer son action soient conformes aux principes qu'il apporte, ou bien ce mode de gouvernement est mensonger et ne présente que des abus de choses et de pouvoir.

La loi politique organique la plus importante est celle électorale; parce que c'est par elle que le peuple entre dans son action de souveraineté, se garantit à lui-même sa liberté; et parce que c'est elle qui constitue la nation en tribunal politique pour juger les tendances, les systêmes et les actes du gouvernement : car, c'est de l'urne électorale que sort l'approbation ou l'improbation publique. Si cette loi resserre le droit de vote dans un cercle étroit, si elle repousse de ce droit l'immense majorité nationale et ne le donne qu'à une faible minorité ; elle est blessante, elle fausse et dénature le systême représentatif, elle détruit toutes les harmonies d'égalité politique et de liberté, elle rend possible de dangereux abus, des usurpations de pouvoir, et, par cette même loi, le gouvernement amène, tôt ou tard, des bouleversements sociaux et son renversement.

Un gouvernement représentatif par une poignée d'électeurs finira toujours par devenir gouvernement absolu de fait ; parce que le pouvoir pourra facilement corrompre cette poignée d'électeurs et en obtenir une majorité parlementaire telle qu'il la voudra.

Ne faisant du vote qu'un privilége au profit de quelques-uns, la loi électorale actuelle n'est point en harmonie avec un véritable systême représentatif; elle est un non-sens libéral et détruit l'égalité politique.

Cette même loi qui ne donne qu'une poignée d'électeurs privilégiés, disséminés dans des colléges d'arrondissement; n'est ni selon le but et l'esprit de la révo-

lution de Juillet qui a voulu même droit politique pour
tous, ni selon l'esprit et le texte de la charte qui veut
le droit et l'admission de tous à tout : elle n'est qu'une
dérision du système représentatif, elle est une insulte
au pays : car, en les privant du droit de vote électoral,
cette loi dégrade les citoyens et les frappe de nullité
politique dans la patrie. Et cette même loi encore ne
peut produire rien de national; parce que les majorités
parlementaires qu'elle donne ne sont point l'expression
de tout le pays et ne peuvent l'être, le pays restant
en plus grande partie étranger à leur nomination.

Toujours, sous un gouvernement représentatif, le
vote de la majorité parlementaire, oblige et lie les peuples, et il en doit être ainsi. Mais pour obliger et lier les
peuples, il faut qu'elle ait mandat d'eux, il faut qu'elle
émane du pays et soit constituée par tout le pays. Si
cette majorité n'est constituée que par un petit nombre
de citoyens, il n'y a pas mandat général, il n'y a que
mandat partiel étranger à tout l'ensemble des citoyens.
dès lors la majorité parlementaire qui délibère, décide,
arrête et vote les lois, n'agit point de l'aveu de tout le
pays, et tout ce qu'elle fait a le caractère de nullité : car,
une loi électorale qui ôte à l'immense majorité des citoyens tout son droit de vote pour la formation de la
chambre élective, qui détruit la généralité du vote de la
nation, ne légitime rien; elle ne constitue qu'un corps
dangereusement aristocratique, elle est destructive du
droit national qui appartient à tous, elle n'est qu'un
faussement de l'égalité politique et de tout, et tout ce
qui est son résultat ne peut obliger ni lier les peuples.

Quand, dans un état placé sous un gouvernement
représentatif, les ministres et le gouvernement ne sont
forts que par de mauvaises lois organiques, que par des
lois exceptionnelles blessantes et irritantes, que par
des majorités parlementaires réprouvées par le pays;
que par la corruption ou la violence; il y a nécessité de
révolution du peuple si l'opposition législative n'est assez forte pour opérer une révolution parlementaire, et
ministres et gouvernement entrent dans la décadence,
et leur chute est proche. Ils peuvent bien avoir mo-

mentanément quelques succès par ces lois; mais ils ne peuvent durer un bien long temps, parce qu'il est dans la nature d'un hors de principe et des abus de précipter dans des abus successifs de plus en plus révoltants : et ils tombent pour ne se relever jamais; parce que tout ce qui résulte d'un fait qui n'émane pas du droit, qui ne découle que du faussement du droit, ne peut durer n'étant qu'immoral, arbitraire et tyrannique.

Et toutes les fois qu'il y a dans un gouvernement représentatif majorité parlementaire résultante d'un système électoral faisant du vote un privilége pour un petit nombre de riches au préjudice de la masse des citoyens ; il y a paralysation du grand tout national, il n'y a que ridicule simulacre représentatif, il y a un grand vice organique qui heurte tous les intérêts publics, et il y a dès lors cause de haine et d'animosité contre le gouvernement; parce que par ce fait il outrage toutes les susceptibilités publiques et la liberté.

Un gouvernement constitutionnel représentatif ne se consolide jamais par des lois organiques vicieuses et irritantes, et moins encore par la corruption; il se perd au contraire avec elles et par elles ; parce qu'elles le dépravent et le poussent à dépraver tout avec lui. Et sur quoi peut compter un gouvernement quand il a blessé et heurté le pays, quand il a détruit l'honneur, le patriotisme et la moralité publique ? Il ne peut compter sur rien, il est attaqué par le droit qu'il a anéanti, et il est noyé par les vices qu'il a substitués à la vertu de tous, au dévouement national.

Sous un gouvernement représentatif, il faut que la majorité parlementaire soit indépendante des ministres et du pouvoir, il faut qu'elle soit irréprochable dans sa composition et son patriotisme, et il faut qu'elle ait l'estime et la confiance du pays. Hors de toutes conditions elle ne pourra rien pour le pays et elle aura tout le mépris du pays. Mais pour qu'une majorité parlementaire soit dans toutes les conditions morales et nationales qui lui sont nécessaires, il faut qu'elle ait le sentiment et la conscience de sa mission et de sa dignité, il faut qu'elle sorte de colléges électoraux nationaux et non aristocratiques, de colléges électoraux libres et indépendants, peuplés d'hommes appelés par l'égalité politique, et il faut qu'elle sorte de la conscience des électeurs et non de leur corruption ou de leur intimidation.

Quand une majorité parlementaire oublie sa grande mission nationale ou la fausse, quand elle se laisse entraîner par le pouvoir dans des votes nuisibles au pays; elle pousse le pays vers sa décadence et sa ruine. Et, quand elle abjure ainsi sa nationalité; cette majorité est prostitueé, n'est plus organe du pays, n'appartient plus au pays, elle ne s'appartient plus à elle-même; elle n'appartient plus qu'au pouvoir et n'est plus qu'un instrument du pouvoir; elle est un joug pour le pays.

Il faut à une majorité parlementaire une volonté qui soit à elle, il faut même toujours que cette volonté soit forte et puissante ; mais il faut aussi que la volonté, que toutes les convictions de cette majorité aient leur source dans l'opinion et la volonté publiques. Autrement, cette majorité n'aurait qu'une volonté personnelle et non nationale. Et si elle puise principalement ou exclusivement dans le vouloir ministériel; son vote n'est plus national, il n'est qu'un vote de parti faisant tout triompher contre le pays, son action n'est plus qu'une lourde tyrannie pesant sur le pays, indignant le pays et provoquant une révolution.

Sans doute tout ce qui a suivi la Révolution de Juillet n'a pas satisfait les besoins du pays et n'a pas rempli toutes ses attentes. Loin de là, tout son présent a été sans cesse compromis, et il est aujourd'hui sans avenirs certains et positifs; parce qu'au dedans tout repose sur la fausse base d'un système électoral qui vicie le système représentatif; parce qu'au dehors tous les intérêts nationaux sont maintenus et défendus par un système politique qui ne peut rien harmonier et qui compromet tout. A l'intérieur, la France est en proie à l'action de la plus dévorante individualité, individualité qui ne compte qu'avec ses avidités et qui écarte toute action d'intérêt général, tout esprit de nationalité et de patriotisme. A l'extérieur, elle est absolument bannie des alliances européennes, toute sa prépondérance est perdue, et, depuis longues années, elle porte un lourd fardeau d'humiliations et de hontes, et le système politique du gouvernement lui est aussi funeste qu'une guerre même désastreuse. Par le système politique suivi, le premier de chaque mois les ministres ne savent pas ce qu'ils feront, ce qu'ils diront le cinq, et ne peuvent le savoir ; parce que , par ce système, toutes les volontés, et toutes les vues françaises se traînent à la suite des volontés et des vues étrangères et leur sont soumises ; et parce que, par ce système, les ministres ne commandent à personne au dehors et obéissent docilement à tous, ne se rattachent à aucune idée énergique et oscillent selon les variations d'idées et de vues de cabinets étrangers. De là tous les honteux retours sur soi-même, tous les désaccords avec soi-même et toutes les tergiversations politiques que nous voyons journellement. Aussi, pour eux les plus petites choses sont les plus sérieuses, et les plus grandes sont écartées n'osant les aborder. Ce même système politique a tellement tout usé au dehors et au dedans, et s'est tellement usé lui-même sans résultat, que les plus petits accidents sont aujourd'hui de grands embarras pour le gouvernement, les accords et les ententes changent et disparaissent, les paroles et les allures d'un jour sont toutes autres le lendemain , la confusion est en tout et la décomposition de tout se manifeste. Aux grandes choses on oppose que l'impéritie, de la tergiversation ou de la bassesse, et aux grandes demandes nationales on oppose ou le dédain ou l'irrascibilité du mauvais vouloir. Tout est déplacé dans les moyens, dans la résistance ; les fautes du lendemain sont plus graves que celles de la veille, tout est anéanti par la funeste vie d'au jour le jour, et les douleurs et les ruines se succèdent avec toutes leurs tourmentes.

Telle soit sa forme, il faut à un gouvernement un plan qui guide sa marche et un but qui soit son constant objet. Il lui faut dès lors un système politique et administratif duquel on ne sorte pas du tout ou que peu, et modificativement seulement quand les circonstances sont impérieuses et contraignent à le faire.

Sous un pouvoir absolu, le système politique du gouvernement est comme le veut le prince, son action est ce que le prince veut qu'elle soit ; parce que là , l'action et la volonté nationales sont absorbées par l'omnipotence royale ; parce que là le pays obéit à tout et souffre tout ; et parce que là, le pays n'est consulté en rien et n'est point appelé à redresser les fautes, les torts et l'action du gouvernement.

Mais sous un gouvernement représentatif, il faut que le système politique et administratif du pouvoir ait l'adhésion du pays, une adhésion réelle et non extorquée ; il faut que l'action de ce système soit entièrement et exclusivement selon l'esprit et dans les vues de la nation ; parce que là, le prince et le gouvernement ne doivent rien vouloir d'eux-mêmes et ne peuvent imposer leurs vues et leur volonté au pays, ils ne doivent vouloir que ce que veut l'intérêt public, que ce qui émane de la volonté nationale.

Sous ce dernier mode de gouvernement, il est donc indispensable, et sous peine de révolution et de renversement du pouvoir, que le système politique, que tous les systèmes d'administration et d'action publique s'harmonient avec l'origine du gouvernement et le maintiennent dans cette origine, s'harmonient avec l'esprit et l'intention qui ont érigé ce même gouvernement, s'harmonient avec les besoins , les tendances et le but du pays, s'harmonient avec les mœurs, les grandes susceptibilités et les exigences du pays ; il faut qu'ils équilibrent sans les heurter tous les intérêts internationaux du pays, et il faut qu'ils se basent sur la position politique et sociale, sur la possibilité morale et matérielle du pays. Autrement, il n'y a pas système de gouvernement représentatif, mais de gouvernement absolu, ces systèmes ne seront que des moyens par lesquels tôt ou tard le gouvernement ruinera, écrasera et subjuguera le pays, et ils apporteront au pays des ruines et des jougs qui lui feront bien regretter d'avoir toléré et souffert leur durée.

Il ne suffit pas que le système politique d'un gouvernement maintienne le présent, l'actualité d'une nation; il faut que ce système ne compromette aucuns de ses avenirs et les asseoient tous durablement, et il faut qu'il élève successivement et progressivement le pays, qu'il étende toutes ses libertés, toutes ses industries commerciales extérieures, et lui donne une influence convenable et honorable au dehors. Hors de ce but et de ce résultat, le gouvernement affaiblit et sacrifie la nation, il n'agit pas dans un but d'intérêt et d'honneur national, il méconnaît cet intérêt et cet honneur ou les anéantit par calcul ou lâcheté.

Les bons gouvernements, par leur seule action morale doublent la force des peuples, les élèvent, les enrichissent et les abritent contre les déchirements du dedans et contre les entreprises du dehors. Les mauvais les affaiblissent, les abaissent, les font entrer dans toutes les sortes de tourmentes sociales, leur font tout perdre, les ruinent et les déshonorent. Tout chez eux est le résultat d'un bon ou d'un mauvais système politique, et c'est toujours par le système politique du prince ou du gouvernement qu'un peuple monte ou descend, que les dynasties restent ou tombent.

Mais principalement sous le mode représentatif, les faits d'un système politique ne sauvegardent le prince et le gouvernement qu'autant qu'ils sauvegardent les intérêts généraux, les peuples et la liberté. Il faut donc que le système politique adopté et suivi harmonie tout, ne heurte et n'entrave rien de ce qui se rattache à l'exigence et à la moralité publique, de ce qui se rattache à tous les intérêts généraux intérieurs et extérieurs, à la durée d'ordre et à l'honneur national.

Le système politique actuel du gouvernement français est-il dans les conditions que je viens d'établir ? non ; et loin de là : car il n'harmonie rien, heurte tout, entrave tout, compromet tout, use tout, embrouille tout et disloque tout ; il va par tout et en tout de concessions en concessions, de pertes en pertes, de ruines en ruines, il n'apporte au pays que de successives déceptions et ne remédie à rien ; toute son action n'a en vue que l'omnipotence de la haute et de la riche individualité, et il ne tend qu'à faire des éléments de la liberté la possession de cette seule individualité. Pourquoi ce plan et un tel but? C'est parce que ce système veut concentrer en lui toute l'action, toute la force et toute la puissance de la société par l'intérêt personnel, par l'individualité la plus restreinte. Ce système n'est plus dès lors une tendance constitutionnelle, il n'est qu'une tendance dynastique; il n'est plus marche d'un progrès national et de liberté, il n'est qu'une retrogradation dynastique. Aussi, je pense que la durée de ce système amènera une révolution ou comprimera tout, et je crois l'un de ces deux maux inévitables : et ne voit-on pas que partout le mécontentement et l'irritation sont à leur comble et débordent : et ne voit-on pas qu'une révolution nouvelle entre dans les esprits, cette révolution apparaissant comme une nécessité : et ne voit-on pas toutes ces grandes manifestations publiques qui commandent après avoir invité, toute cette grande et énergique entente nationale, qui ne cesse que lorsqu'elle a triomphé ou que lorsqu'elle est rompue par la force et les bayonnettes : et ne sent-on pas qu'il y a dans le corps social cette inquiétude qui précède les grands mouvements publics, cette agitation qui réveille l'opinion, qui communique tous les grands élans nationaux et qui annonce les approches des grandes combustions politiques.

Où est le remède aux catastrophes qui menacent? dans la réforme électorale, et il n'est que là; parce que cette réforme peut seule amener successivement toutes celles nécessaires, peut seule ramener l'ensemble national en tout, toute l'action de souveraineté du peuple, la marche des intérêts généraux par l'omnipotence du pays, et peut seule donner au gouvernement toutes les grandes forces morales sans lesquelles les forces matérielles ne sont rien et tombent.

Depuis plusieurs années, la France veut la réforme de sa mauvaise loi électorale qui, à chaque renouvellement de législature frappe le pays de ses inévitables résultats. Pourquoi n'a-t-elle pas encore obtenu cette réforme? C'est parce que, d'une part, le gouvernement lui a constamment opposé de mauvais vouloirs et a usé de tous ses moyens pour l'empêcher ; c'est parce que, d'autre part, les majorités parlementaires ont toujours été plus ministérielles que nationales, plus occupées de l'intérêt personnel et de localité que de celui général ; c'est aussi parce que l'opposition, la presse d'opposition n'ont pas fait tout ce qu'elles devaient et pouvaient faire, et c'est encore parce que dans l'opposition qui siége au parlement et dans la presse d'opposition il n'y a pas eu unité de vues, entente complète sur la nature de cette réforme, et qu'alors les luttes et les résistances u'ont pas eu toutes les énergies ni tous les accords qui leur étaient nécessaires.

Dans les luttes politiques les partis, voulant une même chose ne triomphent jamais que par leur entente, que par l'unité de but, de vues et de principes des partis, que par la puissance d'ensemble qui fait le succès de la résistance. La division jette les partis dans l'isolement et les tue. En ce moment toutes les différentes nuances de l'opposition parlementaire, toutes les différentes nuances de la presse d'opposition doivent se rallier pour ne faire qu'un avec la grande majorité publique ; et si elles restent dans leurs divisions particulières, elles prêteront force aux ministres contre la réforme électorale, et elles n'auront ni secondé ni servi le pays.

Il faut bien le dire, jusqu'alors l'opposition parlementaire a été faible, quelques fois aveuglément confiante. Elle a cru à des inosements de faits, elle a cru à de la pudeur, a de la sincérité, à de l'honneur ; comme si l'égoïsme commandait toujours à ses cupidités, était pétri de retenue, de modération, de sincérité, de bonne foi et d'honneur. Endormie par un pouvoir plein d'astuce, voulant toujours s'élever au-dessus du pays, le faire descendre de son omnipptence et lui imposer la sienne ; cette même opposition n'est pas entrée dans une résistance énergique contre le ministère, elle n'a pas, autant qu'il le fallait, heurté vigoureusement la volonté des ministres toute l'action ministérielle. Par cela même elle est trop entrée dans les voies du sytême politique d'un ministère qui, patelinant d'abord, est ensuite devenu audacieusement impérieux par la faiblesse même des résistances de ses adversaires et par une surprise de confiance chez quelques-uns. Aussi, pendant toute la dernière session, on a vu ce même ministère ne vouloir aucunes réformes et les repousser toutes dédaigneusement, comme si le pays ne devait jamais oser vouloir ce qu'il ne veut pas. Et s'il finit par consentir une réforme électorale, il ne voudra que celle qui n'entravera pas son système, qui n'arrêtera pas sa marche et qui ne sera qu'une sorte d'octroiement au pays; il voudra la conservation des colléges électoraux d'arrondissement qui, en tant de lieux n'ont présenté et ne présenteront encore qu'une coterie électorale; parce que là il y a possibilité de domination et d'action des influences de toutes sortes. Mais c'est alors que l'opposition parlementaire devra opposer énergiquement aux ministres l'opinion publique et toute la volonté du pays; et ç'est alors qu'elle devra repousser tout octroiement, tout ce qui paraîtrait être une concession du pouvoir; parce que un octroiement, une concession d'un pouvoir quelconque est une libéralité, une grâce d'un maître, et la France n'en a pas, n'en reconnaît pas et n'en veut pas. Dans un état libre, les ministres ne doivent commander ni imposer les transactions nationales, le pouvoir doit se soumettre à la volonté du pays : et si l'opposition acceptait une réforme de la volonté ministérielle, étant dans la convenance ministérielle au détriment de la volonté et de la convenance du pays; elle considérerait le pouvoir comme supérieur au pays, comme ayant le droit de faire planer exclusivement sa volonté sur le pays, et alors elle humilirait et ravalerait le pays.

La réforme de la loi électorale actuelle est commandée par les successifs résultats qu'elle a donnés et qui ont toujours été en empirant; elle est commandée par le vœu public qui, de toutes parts la reclame et qui est partout librement, énergiquement manifesté; et ce vœu est tel que le refus de cette réforme serait, par la nation, considéré comme un coup d'état du ministère ou de la majorité parlementaire qui la repousserait ou la ferait échouer par tel moyen que ce soit. Elle est encore commandée par les discussions et par les déclarations qui ont eu lieu et qui ont été faites lors de sa confection en 1831. A cette époque, tous les hauts pouvoirs alors constitués ont formellement déclaré que cette loi n'était que provisoire.

Lors même que cette loi n'aurait pas été déclarée provisoire lors de sa confection, elle serait toujours réformable; parce que, par son cens élevé, elle ne donne le droit qu'à la fortune et forme une aristocratie politique au sein de la démocratie et l'étouffe; parce qu'elle remet aux mains d'un très faible nombre de citoyens toute l'action politique du pays, et place l'immense majorité sous l'action et la volonté d'une petite minorité; parce que cette loi n'harmoniant aucuns des principes libéraux, d'égalité politique elle tue la Révolution de Juillet, tout le droit commun et le gouvernement représentatif lui-même.

La Révolution de Juillet a voulu sortir l'intérêt général des luttes et des égoïsmes de l'intérêt personnel et à voulu asseoir toute l'action du droit public et de la liberté; mais il ne faut pas les laisser absorber. Elle a voulu le mode de gouvernement représentatif; mais il faut lui donner toute sa vérité par des élections faites par le pays et non par une petite portion de privilégiés. Elle a voulu une royauté sortie d'elle-même ; mais elle a voulu aussi que l'action de cette royauté et celle de l'égalité politique s'harmoniassent constamment pour opérer le repos et le bien-être du pays, pour abriter tous les intérêts généraux: La loi électorale actuelle conduit-elle à tout ce but de la Révolution de Juillet? Non; elle en détourne au contraire; car elle constitue un grand privilége politique, l'action de l'individualité et l'absorption de l'intérêt général par celui personnel. Cette loi est donc réformable.

Un gouvernement représentatif n'a toute sa vérité que par un grand et national ensemble électoral. Repousser cet ensemble, c'est repousser toute l'efficacité de ce mode de gouvernement, c'est vouloir en faire un gouvernement de tripotage et de coterie.

Tout le grand et national ensemble électoral si nécessaire à l'élection, ne peut être réel et avoir tout son effet, qu'en sortant des arrondissements l'élection des députés, et qu'en la reportant au chef-lieu du département; parce qu'il n'y a que dans une telle assemblée où l'intérêt général puisse bien apparaître aux électeurs, puisse être bien discuté et compris par eux, et parce qu'il n'y a que dans l'assemblée départementale où l'intérêt général puisse exclusivement dominer la conscience des électeurs et dicter leur vote.

Le premier but de la réforme électorale doit être celui de donner de l'indépendance à l'électeur et de faire sortir l'élection de tous ces honteux scandales d'influence et de corruption qui l'ont déshonorée partout. Le seul moyen d'arriver à ce but est dans la centralisation de l'élection des députés au chef-lieu de chaque département.

Cette réforme doit avoir encore pour but de donner à l'électeur de la force contre le pouvoir et les partis, et de le soustraire à l'influence locale qui jusqu'alors a commandé, arraché le vote. On atteindra ce but qu'en mettant l'élection en commun, qu'en massant les électeurs sur un seul point, qu'en les éloignant des obsessions et des tourmentes de la localité; et le seul moyen est de placer l'élection des députés au chef-lieu de chaque département.

En massant les électeurs au chef-lieu de chaque département, ou aura un vote de nationalité; parce que l'intérêt public ne domine exclusivement les hommes et ne les impulse convenablement que quand les localités sont mélangées, que quand les hommes eux-mêmes sont en grand nombre et peuvent se communiquer leurs idées. En disséminant ces mêmes électeurs dans les arrondissements, fussent-ils un mille dans les plus petits colléges, on aura qu'un vote de complaisance, de surprise, d'intimidation, de faiblesse, de coterie et de domesticité; on aura que de scandaleux marchés électoraux, et les électeurs se feront encore un patrimoine de l'électorat; parce que encore les influences, l'intrigue et la corruption pourront agir.

Toujours les hommes réunis en petit nombre dans leur localité et n'ayant qu'à discuter entre eux, ne s'oc-

cupent que de leurs intérêts personnels et de tout ce
qui s'y rattache. Les masses seules ont tout le sentiment de l'intérêt général, parce que ce n'est que de
cet intérêt qu'elles reçoivent les satifactions qui leur sont
nécessaires. Elles conservent en outre la force de l'infaillibilité et de la dignité; parce que rien ne peut les
corrompre. Pourquoi cette force et cette infaillibilité
des masses? C'est parce qu'elles comprennent et sai-
sissent promptement le but commun et que rien ne les
détourne de ce but. Aussi, je dis que plus les électeurs
seront réunis en commun, plus l'électorat sera fort;
parce qu'alors il arrivera à l'infaillibilité des masses:
et plus alors aussi le gouvernement représentatif aura
de vérité et de force; parce qu'il sera toute la vérité et
toute la force de la nation.

On a tellement en France l'habitude de traiter les
affaires publiques en dehors des masses, et on a si
constamment privé le peuple de son action politique,
que plusieurs ont peur des grandes réunions populaires,
des réunions massées; et ont cette fausse idée qu'elles
renverseraient tout. En réfléchissant et en jugeant on
verra que ce danger n'est qu'imaginaire ou n'est mis
en avant que par ceux intéressés au maintien de l'action de la localité et de l'individualité : car, ainsi que
de grandes circonstances l'ont démontré, ainsi qu'il est
constaté par les observateurs les plus sérieux et les plus
graves; les masses ont seules le grand et exclusif sentiment de l'intérêt général: elles ont dès lors celui de
l'ordre.

Si partout les masses ont le sentiment de l'intérêt
général, conséquemment celui de l'ordre; en France
cela sera encore bien plus visible et se fera encore bien
plus sentir; parce que là, le peuple est généralement
plus éclairé qu'en d'autres pays; parce que là, le bien
plus grand nombre est propriétaire aujourd'hui, tient
à l'ordre, veut l'ordre, a besoin de l'ordre et redoute
les troubles. Avec une telle tendance publique, le gouvernement ni la société n'ont rien à craindre des grandes assemblées départementales, l'un et l'autre ont au
contraire beaucoup à gagner par ces assemblées; parce-

qu'elles leur donnent toutes les forces et tous les appuis de l'assentiment général; et repousser les grandes réunions, le concours des masses pour une œuvre politique, c'est en France repousser le meilleur esprit public.

Tout commande donc aux réformistes de vouloir la centralisation de l'élection dans le chef-lieu de chaque département, elle seule pouvant donner à l'électeur de l'indépendance et de la force contre le pouvoir et les partis, elle seule l'affranchissant des influences locales et des sollicitations domestiques auxquelles il ne peut souvent résister, elle seule lui laissant toute son impartialité, toute sa liberté de conscience et lui donnant tout ce sentiment de l'intérêt général qui n'est tout ce qu'il doit être que dans les réunions massées.

Quel sera le mode de formation et de composition des colléges électoraux?

La nature même d'un gouvernement représentatif veut que les représentants de la nation soient directement nommés par tous ceux qui jouissent de leurs droits civils et politiques. Aussi, je me hâte de dire que le vote universel direct est premier principe et base de l'action de souveraineté du peuple. Mais nos habitudes permettent-elles l'adoption entière de ce principe qui résulte du droit des peuples? Je ne le pense pas. D'ailleurs dans ma lettre électorale j'ai exposé les causes matérielles qui me paraissent impossibiliser ce mode d'élection.

Continuera-t-on le système censitaire avec l'abaissement du cens contributif à cent francs, ainsi que l'a proposé M. Duvergier de Hauranne?

Sans doute cet abaissement de cens serait une amélioration à la loi électorale actuelle avec la centralisation de l'élection dans le chef-lieu de chaque département, centralisation sans laquelle il n'y aura jamais qu'une insignifiante et inutile modification à la loi actuelle : car si on conserve les colléges électoraux d'arrondissement, on aura toujours qu'une élection de clocher, et peut-être même en beaucoup de lieux, une élection de café et de cabaret.

Mais même par un abaissement de cens à cent francs,

on aura toujours qu'un électorat aristocratique et non
national, l'égalité politique sera encore écartée, le droit
de vote ne découlera que de la fortune et non de la qualité de citoyen, les électeurs ne seront toujours dans
les colléges électoraux que la minorité de la nation, la
majorité nationale ne concourra toujours en rien et par
quoi que ce soit à la nomination des représentants, la
nation sera toujours sous l'action et sous le coup de l'individualité, l'intérêt général sera toujours absorbé, dé-
voré par l'intérêt personnel, et on n'aura toujours pas
un gouvernement représentatif dans tout son vrai.

Par un cens contributif on n'a pas la souveraineté du
peuple, on a que la souveraineté des riches. Rompant
l'égalité politique pour faire une aristocratie électorale;
mieux vaudrait une aristocratie quelconque que celle
des écus, parce qu'il y aurait moins de partialité et
moins de vénalité dans l'électorat.

On m'objectera sans doute, ainsi que cela se dit partout, que les ministres et le gouvernement ne voudront
jamais une large réforme électorale. Mais le gouvernement a t-il droit d'imposer sa volonté à la nation? La Révolution de Juillet a-t-elle créé un grand pouvoir absolu et
une grande omnipotence personnelle ? a-t-elle ordonné
à la nation d'aduler, quand même, le pouvoir et les
ministres, de leur faire toutes les sortes de concessions
de droit public et de liberté? N'a-t-elle voulu que des
députés agents d'affaires et courtiers des électeurs ? Le
Le sang national a-t-il rougi le pavé en juillet 1830
pour messieurs Guizot et Duchatel ou tels autres ministres que ce soit? Non, sans doute; et ce serait une lâcheté publique si on leur permettait de comprimer le
vœux national, si on les laissait résister à la volonté de
la grande majorité des citoyens.

Sous un gouvernement représentatif, le pouvoir ne
doit point imposer sa volonté à la nation; il doit toujours
au contraire s'incliner devant celle nationale et s'y soumettre, parce qu'elle est seule omnipotente et souveraine. Et, s'il en était autrement, le gouvernement ne
serait plus que tyrannique et la nation devrait secouer
son joug et le renverser.

Le pouvoir par toutes les fausses marches de son système politique et par tous les funestes résultats de ce système a prouvé qu'il ne pouvait entrer de lui-même dans les grandes voies de l'intérêt général et national; il faut nécessairement qu'il y ait une majorité parlementaire qui le pousse dans ces voies et l'y maintienne. D'un autre côté, le pouvoir encore, a fait abus de la mauvaise loi électorale actuelle comme en tout il a fait abus de ses possibilités, et lui-même a nécessité les réformes électorales, parlementaire, administrative et financière ; il faut les lui imposer s'il les combat et les repousse, parce que sa vie et sa durée ne sont que là. L'opposition est en minorité dans la chambre élective; mais elle est en immense majorité dans la nation; tout le pays est avec elle et prêt à le seconder en tout. Qu'elle agisse utilement pour le pays, elle le doit, et le pays lui prêtera tous les appuis qui lui seront nécessaires.

Bornera-t-on la réforme électorale à une simple adjonction des capacités ?

La capacité et l'intelligence entrent sans doute pour beaucoup dans les choses. En politique elles marchent souvent avec de grandes vertus publiques, avec un grand patriotisme ; mais elles marchent souvent aussi avec l'égoïsme, la vénalité et la corruption. Je ne pense pas que dans nos circonstances leur action puisse améliorer beaucoup la loi électorale actuelle. D'ailleurs, comme les capacités sont indiquées par la proposition de M. Duvergier de Hauranne, les grosses villes pourraient gagner; les moyennes et les petites villes gagneraient très peu, et toutes les campagnes ne gagneraient rien.

Quoi ! à défaut de payer cent francs de contributions directes je ne jouirai du bénéfice de la Révolution de Juillet, du droit d'égailté politique que la charte donne à tous, que si je suis officier avec douze cents francs de retraite, que si je suis ou membre de l'Institut ou professeur au Jardin des Plantes, que si je suis ou juge, ou avocat ou avoué, ou docteur en médecine, ou membre d'une chambre de commerce, ou membre du conseil municipal d'une villotte de trois mille âmes; et et si je n'ai une de ces positions qui aura exigé de moi une fortune première pour y arriver, je ne pourrai concourir à la nomination des représentants de mon pays! Mais le gouvernement le plus absolu n'humilie pas plus les hommes qu'un gouvernement représentatif ainsi bâti! Mais s'il me faut être ainsi posé dans ma patrie pour y être quelque petite chose, électeur; je dis à la Révolution de Juillet: Retirez-vous, parce que vous ne m'avez montré un gouvernement représentatif par l'égalité politique que pour me leurrer.

Ai-je besoin d'être une capacité comme on l'établit pour payer mes impositions directes, mes ports de lettres, mon tabac, mon sel, pour envoyer mes fils se faire tuer ou estropier à l'armée? non, sans doute. Eh bien, pour qui la loi me considère-t-elle comme citoyen de mon pays pour prendre mon argent, pour prendre le sang et la vie de mes fils, et ne le veut-elle plus, à moins que je n'aie une belle position dans le monde, lorsqu'il est question d'exercer mon droit d'égalité politique? C'est parce que toujours en France on veut de l'aristocratique, du personnel en tout et partout, et parce que de tout on veut faire des aristocraties contre le peuple. Pourquoi donc prendre telles ou telles capacités et rejeter des foules d'autres aussi propres à la fonction électorale? Est-il donc nécessaire de savoir du grec et du latin, de connaître la propriété des plantes, de savoir guérir des malades pour être électeur? mais alors il faut rejeter ceux des électeurs payant deux cents francs de contributions qui ne sont que des ignorants. Pourquoi des capacités qui ne sont que dans les principales villes, et repousser celles aussi utiles et aussi intelligentes qui ne sont que dans les campagnes? On ne veut donc que dépopulariser le système représentatif et n'en faire qu'une sorte de gouvernement oligarchique!

Il faut que la réforme électorale repose sur une base d'égalité et non sur une base de privilége; et cette réforme opérée par l'adjonction des capacités qui sont présentées serait aussi irritante que la loi elle-même; parce qu'elle ferait encore appel à l'egoïsme, parce qu'elle heurterait le droit public, l'égalité politique e-

la liberté, parce qu'elle ne donnerait point à l'élection
la nationalité qui lui manque, ne ferait des colléges
électoraux qu'un forum plus étendu. et parce qu'elle
ne serait qu'une transaction illibérale. Ce ne serait pas
même une réforme : ce ne serait qu'une adjonction de
privilégiés à d'autres, on ne ferait qu'ajouter de nouvelles corruptibilités aux anciennes, et le corps représentatif ne serait point encore l'expression du pays, il
ne serait que l'expression et l'organe de privilégiés plus
nombreux. Aussi, je dis qu'un tel mode de réforme électorale serait des plus vicieux, n'émanerait d'aucun principe national ni d'aucune idée libérale, qu'il ne ferait
qu'ouvrir les portes des colléges électoraux à de nouveaux instruments du pouvoir ou des partis, à de nouveaux égoïstes tendant la main à la corruption.

Qu'est-ce qu'un gouvernement représentatif? C'est
l'action de tous par des représentants. Il faut donc que
tous concourent directement, ou au moins d'une manière quelconque et seulement modificative, à la nomination des représentants de la nation. Autrement, il
n'y a pas gouvernement représentatif, il n'y a que gouvernement de l'individualité.

En tout pays de liberté, le droit politique ne naît que
de la qualité de citoyen avec l'aptitude nécessaire pour
user de ce droit, pour agir dans ce droit. Si on ne le fait
naître que de la fortune, que d'une position sociale ou
de la faveur, il n'y a plus qu'aristocratie et renversement de liberté ; parce qu'il n'y a plus égalité politique, parce qu'il n'y a plus concours suffisant pour
faire planer l'intérêt général, et pour faire marcher
utilement et activement la grande chose publique.

Le système censitaire n'est ni dans le sens ni dans
la nature d'un gouvernement représentatif, et ne peut
le constituer selon sa vérité; parce qu'il substitue la
fortune au droit, le privilége à la liberté et le faux aux
principes; parce qu'il retire le droit de vote électoral à
la majorité pour le transmettre à une faible minorité de
citoyens, et substitue l'individualité à la généralité. Dès
lors il fausse tout, droit, principe, égalité politique; il
érige une aristocratie électorale contre la nation, et

force la nation de s'incliner devant l'action, l'arbitraire, l'égoïsme et l'orgueilleuse volonté de quelques-uns.

La proposition de réforme électorale de monsieur Duvergier de Hauranne par un abaissement de cens à cent francs avec une adjonction des capacités prises dans un ordre élevé, ne remédie presque en rien aux vices de la loi électorale actuelle, surtout ne centralisant pas l'élection dans le chef-lieu de chaque département, centralisation sans laquelle il n'y aura jamais réforme efficace. Cette proposition peut bien concilier quelques intérêts; mais elle en irrite d'autres bien plus nombreux, ne rétablissant point l'égalité politique pour le vote, et apportant au pouvoir de nouveaux instruments. Infailliblement en peu de temps elle porterait le mécontentement public à son comble; parce qu'elle ne serait qu'une transaction forcée avec le principe national et contre lui-même.

Le vote universel direct, quoique premier et naturel principe, étant repoussé par nos habitudes nées de cette longue action en dehors des masses; le système d'adjonction des capacités étant inadmissible, surtout comme elles sont présentées par la proposition de monsieur Duvergier de Hauranne; je pense que le système d'élection à deux degrés est le seul adoptable.

L'élection à deux degrés n'est pas précisément le vote universel direct qui demande des déplacements de masses sur tous les points; car, les habitants nomment les électeurs dans leurs communes comme ils nomment tous leurs conseillers municipaux, les officiers de la garde nationale. Ce mode n'est pas tout à fait aussi démocratique que le vote universel direct; mais il rend a chacun une sorte d'égalité politique, tous concourant à la nomination des électeurs qui, dans la nomination des députés sont mandataires de tous.

Ce mode électoral constitue un véritable gouvernement représentatif. Car, par lui chacun est représenté par le fait même de la nomination par tous des électeurs qui doivent élire les députés; car encore, ces électeurs, qui sont mandataires, n'agissent plus aristocratiquement, n'agissent plus d'eux-mêmes et pour eux seuls ; mais ils agissent par le droit qu'ils ont reçu de tous, par la volonté de tous et pour tous ; et par ce même mode, les députés sont expression du pays, résultant par deux degrés de l'ensemble du vote de toute la nation.

Comme il ne faudrait pas que les électeurs fussent à vie, et que cela serait même dangereux ; les élections générales des électeurs précéderaient chaque élection générale des députés. Mais il faudra toujours que ces électeurs puissent être réélus, et on devra toujours attacher à la fonction électorale la rééligibilité, comme elle est attachée à celle des députés.

Par ce système de composition des colléges électoraux, il ne serait plus nécessaire d'avoir plusieurs millions d'électeurs que l'on ne saurait comment loger dans le chef-lieu de chaque département pendant la durée des élections; parce qu'ils sortiraient, non du cens contributif et non d'une position sociale qui ne constituent que le privilége et l'action de l'individualité ; mais du choix national. Cependant il faudrait toujours que leur nombre ait quelque rapport avec la population; car, s'il n'y avait pas plus d'électeurs qu'aujourd'hui, le vote public serait trop restreint, les masses ne seraient pas assez représentées dans les colléges électoraux. De même il faudra toujours que l'élection des députés ait lieu dans chaque chef lieu de département; parce qu'il faut toujours mettre l'action électorale en commun, les grandes assemblées ayant seules de la force morale, de l'autorité et de la dignité ; et parce que ce n'est que dans les grandes assemblées que naît le vif et exclusif sentiment des intérêts généraux, sentiment sans lequel l'œuvre des grands corps n'est rien ou est trop chétive.

Ainsi, je dis qu'il ne pourrait y avoir moins de trois électeurs par chaque cent d'âmes, ce qui en donnerait un million quatre-vingt mille pour toute la France en prenant pour force de population le chiffre de trente-six millions d'âmes, et ces trois électeurs seraient, par la voie d'élection, nommés dans chaque commune, par tout citoyen jouissant de ses droits civils.

De la nature de ce mode, il résulte une surveillance politique et graduée comme l'élection elle-même, surveillance qui devient une garantie d'ordre et consolide tout; parce que là, les habitants de la commune surveillent l'électeur afin de voir s'il ne se laisse point séduire ou corrompre par le candidat à la députation ; et l'électeur à son tour, pour mériter la confiance de ses concitoyens ne donne son suffrage qu'au candidat qui se concilie l'opinion publique, et il le suit même et le surveille par les journaux jusque dans la chambre élective. Et comme il ne peut y avoir entre l'électeur et le député de liens et des rapports politiques de durée, puisque l'élu à la députation ignore quels seront ceux qui feront partie du collége électoral, lors de l'élection qui suivra ; ce même député ne s'appuie que sur lui-même pour sa réélection, il résiste à l'influence du pouvoir, surveille même les ministres afin d'arrêter le ministère dans des actes qui pourraient nuire ou déplaire à la nation.

La réforme électorale et celle parlementaire sont maintenant l'unique moyen d'arrêter la corruption qui est infiltrée partout et qui déprave tout, est l'unique remède aux maux qui écrasent le pays; mais il faut qu'elle soit de nature à remédier à ces maux. Si elle est telle qu'elle ne puisse satisfaire l'opinion et l'exigence publiques, si elle est telle qu'il n'y ait que les riches et les hauts placés qui concourent encore à la formation du corps représentatif, et si elle est telle que les colléges électoraux puissent encore être dominés, travaillés, exploités par les influences locales ou toutes autres ; cette réforme ne sera qu'un palliatif qui finira par aggraver le mal existant, et qui loin de faire cesser le mécontentement général, augmentera l'irritation publique ; parce que loin d'arrêter tous les nombreux et scandaleux abus, elle pourra les étendre. Le pouvoir contrariera probablement une réforme électorale et parlementaire large et qui serait de nature à arrêter tous ses vouloirs et son système politique, qui serait de nature à amener le sérieux examen de ses actes, et il serait possible qu'il voulût même repousser toute espèce de réforme. Mais alors la nation devra entrer dans la plus ferme immuabilité de volonté et devra tout faire incliner devant elle ; car si elle cède au pouvoir, elle mettra elle-même la main à sa ruine et elle se préparera des avenirs de trouble et de révolution.

Tout indique dans la nation française de grandes inquiétudes au sujet d'un avenir représentatif tout à fait national, tout indique les lassitudes de la mauvaise loi électorale actuelle, tout indique qu'elle s'indigne du trop grand nombre de fonctionnaires dépendants du pouvoir dans le corps législatif, et d'avoir un corps représentatif trop peu nombeux et sur lequel le pouvoir peut agir trop facilement, par des places lucratives ou honorifiques, et tout démontré que la réforme électorale et celle parlementaire deviennent de plus en plus indispensables. Ces deux réformes ne doivent donc plus être retardées, et jusqu'à leur obtention elles seront le premier et le plus impérieux vouloir de la nation ; elles resteront le permanent ordre du jour de la nation. Toutes les nuances d'opinions libérales doivent se réunir et se lier pour opérer largement ces deux réformes, en dehors même de la volonté du pouvoir s'il les entrave. La presse doit journellement et presque exclusivement en entretenir le pays, et dans le parlement, dans tous les corps constitués, dans toutes les classes de la société; toutes les nuances d'opposition doivent agir par toutes les résistances, par toutes leurs forces et par tous leurs moyens pour les faire triompher.

Notamment depuis sept ans, tout dans le parlement a été trop facile et trop commode pour le ministère, et de là tous les perpétuels abus qui ont tout compromis. Toujours et au préjudice des plus grands intérêts du pays, les ministres n'ont voulu et n'ont recherché que des assentiments à un système politique qui n'est que le leur, et qui n'est pas celui de la France; de là cette grande corruption qui se montre en tout et partout, qui plane partout et qui frappe tout. Les ministres ne voulant rien faire par le peuple devaient au moins tout faire pour le peuple; mais ils n'ont jamais voulu rien faire que par eux et pour le pouvoir, que par et pour leurs complaisants. Aussi, vient peut-être à grands pas le jour où le peuple leur dira : Vous n'avez voulu rien faire par moi ni pour moi ; aujourd'hui je veux tout faire sans vous, en dehors de vous, et contre vous.

Ouvrages du même Auteur

ACTUELLEMENT SOUS PRESSÉ

POUR PARAITRE SUCCESSIVEMENT

L'ÉLECTEUR.

LE JOURNALISME.

L'UNION DES PEUPLES EUROPÉENS, dans un but de liberté pour chacun d'eux.

LE BIEN-ÈTRE d'un Peuple n'est que dans sa liberté.

LES DEUX DERNIÈRES DYNASTIES Françaises et celle actuelle comparées.

Les Principales FAUTES politiques des différents Gouvernements FRANÇAIS depuis 1789 jusqu'à 1848 et leur résultat.

LES ARISTOCRATIES.

Les différents PARTIS politiques, leur tendance et leur but.